Livro-Palestra

A AZEITONA DA EMPADA

Negociação em vendas: você é o detalhe que faz toda a diferença.

Carlos Alberto Carvalho Filho

Livro-Palestra

Carlos Alberto Carvalho Filho

A AZEITONA DA EMPADA

Negociação em vendas: você é o detalhe que faz toda a diferença.

Integrare
EDITORA

Copyright © 2007 Carlos Alberto Carvalho Filho
Copyright © 2007 Integrare Editora Ltda.

Publisher
Maurício Machado

Assistente editorial
Luciana Nicoleti

Produção editorial e acompanhamento
Miró Editorial

Preparação de texto
Cid Camargo

Revisão de provas
Maria Aiko Nishijima
Carla Bitelli
Vilma Baraldi

Projeto gráfico de miolo e diagramação
Diego Guerra

Projeto gráfico de capa
DCS Comunicações

Foto da orelha
Mirian Fichtner/Editora Abril

Dados Internacionais de Catalogação na Publicação (CIP)
(Câmara Brasileira do Livro, SP, Brasil)

Carvalho Filho, Carlos Alberto
   A azeitona da empada : negociação em vendas : você é o detalhe
que faz toda a diferença / Carlos Alberto Carvalho Filho. —
São Paulo: Integrare Editora, 2007.

   Bibliografia.
   ISBN 978-85-99362-21-1

   1. Administração de vendas 2. Clientes – Contatos 3. Marketing
4. Sucesso em negócios 5. Vendas e vendedores 6. Vendedores
– Treinamento
I. Título.

07-5484   CDD-658.81

Índices para catálogo sistemático:
1. Administração de vendas 658.81
2. Vendas : Administração 658.81

Todos os direitos reservados à INTEGRARE EDITORA LTDA.
Rua Tabapuã, 1.123, 7º andar, conj. 71/74
CEP 04533-014 - São Paulo - SP - Brasil
Tel: (55) (11) 3562-8590
Visite nosso site: www.integrareeditora.com.br

ESTA OBRA APÓIA OS PROJETOS DA KINDER

Existe uma receita universal que contribui para a formação de nossa juventude, a EDUCAÇÃO, fundamentada na ética e na responsabilidade pela vida, vida humana, vida animal, vida vegetal. Vida...!

A Kinder Centro de Integração da Criança Especial é uma entidade filantrópica, pioneira e única no Brasil, de educação para deficientes múltiplos, com comprometimentos grave, moderado e leve. Também atua na habilitação e reabilitação, utilizando como referencial a Metodologia Fischinger, que possui o objetivo de promover a integração transdisciplinar nas áreas de Fisioterapia, Psicologia, Estimulação Precoce, Terapia Ocupacional, Neurologia, Fonoaudiologia, Enfermagem e Serviço Social, beneficiando, assim mais de 350 bebês, crianças e adolescentes.

A Entidade é referencial na sua área de atuação pela qualidade, humanismo e confiabilidade, tendo seu comportamento e política baseados em princípios como: ética, honestidade e respeito em todas relações. Da mesma forma, prima pelo apoio e orientação às famílias das pessoas com deficiências múltiplas, pela atitude de prevenção e resolução de problemas com agilidade e competência, bem como pelo constante desenvolvimento do conhecimento técnico e científico.

Anualmente, a Kinder desenvolve projetos e campanhas institucionais, com o intuito de arrecadar recursos.

Entre eles, o Projeto "Padrinho", que ocorre durante o ano todo, criado com o objetivo de apoiar uma criança Kinder por meio de valores fixos, e, em especial, o "Natal Amigo Kinder", objetivando estimular o uso do incentivo fiscal.

E como a Kinder sempre necessita de padrinhos, agradecemos ao autor desta obra, Carlos Carvalho, pela parceria, com nossos parabéns pela mente brilhante e nossa gratidão pela mensagem ao mundo.

À Editora Integrare, nossos agradecimentos, nosso reconhecido orgulho em sermos contemplados com relevante apoio à nossa causa.

Barbara Sybille Fischinger
Fundadora da Kinder Centro de
Integração da Criança Especial

AGRADECIMENTOS

Confesso que esta foi a página mais difícil de escrever. Talvez, a dificuldade seja reflexo da influência de alguma característica pessoal, especialmente a do cultivo à emoção, tônica sempre presente em minha vida. Assim, mais que o cumprimento de um rito, próprio a trabalhos desta natureza, aproveito para expressar aqui o agradecimento infinito a pessoas que, de uma ou outra forma, foram importantes para a conclusão deste livro.

Prioritariamente, obrigado à família, a base de tudo, a razão de tudo e a inspiração de tudo. Aos meus pais, Carlos Alberto e Aclair – ainda jovens, produtivos e exemplares –, motivação permanente para enfrentar as inconstâncias do cotidiano da vida. O velho professor Carlos Alberto, por exemplo – velho no sentido carinhoso, afinal, esse ícone do jornalismo gaúcho está mais ativo, lúcido e criativo do que nunca –, foi, recorrentemente, fonte de consulta para auxílio na construção de frases, gramaticalmente mais elaboradas, ou para o ajuste a um texto mais objetivo, arte na qual sempre foi um mestre. Aos irmãos, Lisiane e Eduardo, mesmo sem o convívio diário, tenho na intensidade dos sentimentos recíprocos a certeza de que, quando se ama, nada separa, sempre se espera e tudo se tem. *Ane* e *Dado*, obrigado também.

Feitos os registros à família que me fez, passo à família que eu fiz. À Mirela, esposa, amiga e companheira, um dicionário de palavras seria pouco para expressar o tamanho da gratidão que tenho por ela. Mi, com o teu estímulo ficou mais fácil concluir este trabalho. À Juliana, minha filha mais velha, ou seria "eu" de saias? Quanta pretensão a minha! A *Juli* tem muito mais talento, imaginação invulgar e, de sobra, ainda a vantagem de ser bela como a mãe. Ao Felipe – meu eterno caçula – companheiro inseparável na paixão pelo nosso Grêmio, clube em que busco, não raras vezes, baseado em seus feitos épicos, a inspiração para nunca desistir. O *Lipinho* é um personagem. Carismático, teatral e envolvente foi quem provavelmente mais tenha sentido os meus momentos de clausura em torno dos livros ou do computador, reservando intermináveis minutos de concentração à elaboração deste trabalho. Na sua consciência, certamente, a minha atenção deveria ser dedicada mais a ele e menos ao *Rackham*, ao *Cialdini*, ao *Ury,* ao *Gitomer,* ao *Moine* ou ao *Júlio* que, em seu entendimento, devem ser todos uns *chatos*. Juliana e Felipe, filhos maravilhosos, o pai agradece muito a compreensão de vocês.

Sou grato também aos inúmeros amigos que leram os originais, emitiram comentários e, sobretudo, incentivaram-me a seguir em frente e transformar o projeto em realidade editorial. Citá-los seria temerário, tamanha a quantidade de nomes; explicitar os meus agradecimentos, então, seria tecnicamente impossível, haja vista a insuficiência de páginas necessárias para abrigar toda a minha gratidão. Deixo, apenas, um emocionado e imensurável *muito obrigado* a todos vocês.

Ao meu prefaciador, Afonso Antunes da Motta, um reconhecimento especial pelo apoio, incentivo e palavras carinhosas registradas neste livro.

Por fim, agradeço à Integrare Editora por acreditar no meu trabalho, nas suas características peculiares de formato e exposição, na proposta híbrida de permear conceitos acadêmicos com aplicabilidades práticas e transcendência de sentimentos pessoais.

Encerro esses agradecimentos resgatando uma citação de D. Helder Câmara: *"É graça divina começar bem; graça maior é persistir na caminhada certa; graça das graças é nunca desistir"*. Oxalá este livro tenha a graça de cair nas graças do leitor, transformando-se na graça das minhas graças. Uma certeza eu tenho: nunca fui de desistir.

Carlos Alberto Carvalho Filho

SUMÁRIO

Prefácio 15
Introdução 17
Abertura 21

PARTE 1
O tripé da diferenciação: a base da diferença
em negociação 41

Diferenciação pessoal 42
➲ Negociar requer 46
   Empatia 47
   Ego-drive 47
   Percepção 49
   Servir 49
➲ Negociar, principalmente, requer 50
   Ouvir ativamente 51
➲ Força de vendas 53
   Perfil do novo vendedor 53

- Atributos estratégicos 55
Diferenciação estratégica **55**
- Definindo valor 56
  Valor **56**
- Valor percebido no profissional de vendas 64
- Valor percebido na utilização de produto ou serviço 65
- Relação entre modelos de venda e geração de valor 67
  Modelo transacional 68
  Modelo relacional 68
  Modelo institucional 68
  Influência **69**
- Fator preponderante nos grandes negociadores 69
- Princípios básicos de influência em negociações: 1/2/3 . . 70
  Reciprocidade 71
  Escassez 71
  Autoridade 72
- Princípios básicos de influência em negociações: 4/5/6 . . . 74
  Consistência 75
  Consenso 76
  Afinidade 78
- Atributos táticos 78
Diferenciação tática **79**
  Persuasão **79**
- Potencializando a persuasão 79
- A importância do fator emoção 82
  Emoção **82**
- Procedimentos básicos que o negociador deve observar
  para lidar com as emoções 83

PARTE 2
Negociação na prática: a abordagem ganha-ganha . . . 93

Tipos de abordagem em negociação **93**

A negociação na prática **96**
- Abordagem de negociação ganha-ganha 97
- Construção do *rapport* 99
- Matriz comportamental do interlocutor 100
- Observação dos canais de comunicação do interlocutor . . . 105
  Olhos, a janela da mente 106

- Adaptando o discurso ao canal de comunicação do interlocutor 108
- Acompanhamento do interlocutor 113
- Relembrando 116
- Identificação das necessidades do interlocutor 117
- Cobrindo as necessidades do interlocutor 118
- Descobrindo as necessidades do interlocutor 120
  Perguntas situacionais 120
- Perguntas situacionais 121
  Perguntas vitais. 123
- Perguntas vitais 123
  Perguntas conseqüenciais 125
- Perguntas conseqüenciais. 126
- Perguntas conseqüenciais negativas/positivas. 127
- Buscando concordâncias parciais com o PIRA 128
- Percepção dos critérios do interlocutor para a tomada de decisão 129
- *Replay* de decisões de compras passadas 131
  Envolvimento e risco percebido na tomada de decisão de compra 132
- *Continuum* do processo de tomada de decisão de compra. 134
  Envolvimento situacional 136
  Envolvimento duradouro 137

Fatores que influenciam o envolvimento **138**
- Argumentação persuasiva 144
  Construção de valor ao interlocutor 144
- A lógica CVB em vendas. 145
  Reforço de valor ao interlocutor 149
- Articulações mentais 149
  Articulações mentais. 149
  Contundências verbais 151
- Contundências verbais 151
- Histórias, metáforas e exemplos 153
- Dicas para utilizar histórias, metáforas ou exemplos 155
- Sinal de compra do interlocutor 159

Sinal de compra. **159**
- Exemplos de sinais de compra (1) 160

Sumário □●□□ 13

➲ Exemplos de sinais de compra (2) 161

Fechamento **162**

➲ Estrutura básica do fechamento 163

➲ Fechamento com perguntas 164

➲ O segredo para formular boas perguntas de confirmação . 166

➲ Técnicas mais usuais de fechamento. 168

Técnica ativa 169

Técnica das alternativas 170

Técnica do imagine 170

Técnica das dificuldades 171

Técnica da degustação 172

➲ Gerenciamento das atitudes do interlocutor 175

Aceitação 176

Ceticismo 176

Indiferença 176

Objeção 177

➲ Dez princípios básicos para administrar objeções 177

➲ Objeções mais freqüentes 181

Análise da objeção 1 183

Análise da objeção 2 184

Análise da objeção 3 184

➲ A objeção ao preço 185

➲ Administrando a objeção ao preço 188

Caminho comparativo 188

Caminho qualitativo 189

Caminho quantitativo 191

PARTE 3

Encantamento: a negociação além do fechamento . . . 197

A fórmula do encantamento **197**

➲ Matriz de satisfação de clientes 199

➲ Fórmula mágica para encantar o cliente 201

Confiança: a base do encantamento 203

➲ Construindo confiança em negociação. 204

PARTE 4

Mensagem final 213

A diferença que faz a diferença 213

Referências bibliográficas 219

PREFÁCIO

Realizei vários encontros com o executivo de vendas e marketing Carlos Alberto Carvalho Filho. Tinha como objetivo utilizar sua experiência para extrair dela um resultado positivo para nossas empresas. A partir de suas palestras, vim a conhecer a verdadeira dimensão humana e profissional desse engenheiro que se tornou exímio vendedor e ativista.

Diversas vezes estive na platéia, na primeira fila, ouvindo-o discorrer sobre sua incrível história pessoal. Apresentada de forma atraente e fascinante, a história serve de base para suas idéias sobre as vantagens competitivas na negociação, sejam elas pessoais, estratégicas ou táticas.

Portanto, ao ter o privilégio de ler em primeira mão e receber a honrosa incumbência de prefaciar este magnífico *A azeitona da empada* – um livro-palestra como o próprio autor o define –, senti o mesmo entusiasmo que experimentava ao ouvir o *Beto Carvalho*, nome de guerra como muitos conhecem o autor.

Além de referências sobre valores, experiências e sentimentos, fundamentais para o diferencial da venda qualificada, o livro oferece um conjunto de ensinamentos do maior significado para os profissionais de vendas e marketing.

O livro passa, dentre tantos temas, pela interessante estratégia de influenciar, construindo a relação necessária para alcançar os resultados desejados bem como todo o diferencial tático da negociação, no qual a persuasão e a emoção são imprescindíveis. A parte prática, com a abordagem da "negociação ganha-ganha" – aquela que é boa para ambas as partes – é essencial para que o processo tenha um fim positivo que, como bem salienta o autor, não se limita ao fechamento do negócio, mas vai muito além, ao buscar, por meio da confiança e encantamento, uma relação sustentável e perene.

A azeitona da empada, além de ser um livro-palestra que envolve a todos que apreciam o gênero, é também uma espécie de guia de atitudes para vendedores, homens de mercado vencedores. Uma obra para os que não têm medo de seguir suas vocações e, sobretudo, gostam de enfrentar desafios. Enfim, um livro para todos aqueles que estão preocupados em *fazer a diferença*, numa carreira profissional vitoriosa e comprometida com o futuro.

Afonso Antunes da Motta
Advogado e Vice-presidente da Rede
Brasil Sul de Comunicação (RBS)

INTRODUÇÃO

Confesso que a idéia de fazer este livro vem sendo amadurecida há algum tempo. Tenho tido oportunidade, no decorrer dos anos, de participar de inúmeros seminários, congressos ou fóruns de debates sobre negociação, criatividade, marketing ou vendas e, quase sempre, ao final de cada um desses eventos, surge a mesma constatação: os palestrantes são qualificados, as programações são bem organizadas, os conteúdos são muitíssimo bem elaborados – alguns, academicamente de primeira linha –, a assistência é diferenciada e a organização é virginiana, ou seja, como os do signo, precisa e acurada nos mínimos detalhes. Porém, sempre saio desses encontros com uma sensação de ter assistido a palestras-réplicas de livros já publicados pelos próprios palestrantes.

Não estou aqui para fazer uma crítica a esse modelo quase universal de fazer palestra. Afinal, quando procuramos conhecimento, por meio desse perfil de acontecimentos, buscamos exatamente a sabedoria acadêmica e vivencial daqueles que proferem as palestras, os quais, na grande maioria, traduzem em suas publicações a essência de seus conhecimentos. Inclusive, busquei nesse modelo expositivo uma inspiração para a concepção de um tipo de livro que se propusesse a unir os dois universos, porém de maneira contrária. Explico: em vez de desenvolver um livro para, depois, a partir dele, construir uma palestra, procurei simplificar caminhos e, indo direto ao ponto, propus-me a criar um livro que fosse uma espécie de réplica de uma de minhas palestras.

Assim nasceu a idéia de adaptar a palestra *Fazendo a Diferença* para uma versão livro, denominando-o *A Azeitona da empada,* uma expressão de domínio popular, tipicamente brasileira, largamente utilizada quando queremos definir pequenos detalhes capazes de *fazer toda a diferença.*

O conceito desta apresentação expositiva – que estou cunhando de *livro-palestra* – não possui esteio em qualquer outra modelagem literária. Ao contrário: sua principal referência é a oralidade expositiva e, ao longo de toda a apresentação do conteúdo, minha intenção é fazer você se sentir dentro da palestra, envolvido, mentalmente ativo e, sobretudo, apegado do início ao fim.

O lastro teórico à exposição está embasado em conteúdos extraídos de publicações e palestras de inúmeros especialistas em negociação e vendas, no

Brasil e no exterior; o enfoque prático é fruto dos meus vinte anos de atividades na área comercial, quase metade deles atuando como vendedor; a outra, no desempenho de funções executivas e diretivas, sempre atreladas a esse segmento.

O foco temático do conteúdo, por opção programática, concentra-se no ambiente da negociação comercial presencial, isto é, na necessária presença de um ou mais elementos emissores e um ou mais elementos receptores de mensagens que emoldurem um processo de negociação. Todavia, muitos fundamentos contidos neste livro-palestra podem perfeitamente se adequar às características de negociações não-presenciais, como aquelas decorrentes do uso da comunicação digital (Internet) ou dos, já largamente conhecidos, *call centers,* os Centros de Atendimento ao Cliente, utilizados como integrantes da força de vendas em diversas empresas, seja na forma direta ou na contratação terceirizada.

Por outro lado, mesmo sendo uma publicação voltada para um leitor mais familiarizado com as atividades comerciais, os fundamentos técnicos e conceituais aqui contidos podem ser plenamente adaptados e adotados em outros contextos de negociação que não exijam a presença das figuras clássicas do vendedor e do comprador.

O formato utilizado neste livro-palestra é o mesmo da grande parte das apresentações expositivas: *slides* – contendo tópicos, desenhos esquemáticos, citações ou rápidos posicionamentos conceituais – precedem páginas onde reproduzo, de forma escrita, a essência da minha exposição oral. Enfim, uma concepção de publicação um pouco diferente dos tradicionais padrões literários, cujo conteúdo, espero, possa ser apreciado e aproveitado no cotidiano pessoal e profissional de todos aqueles que se interessam pela milenar arte de negociar.

ABERTURA

**UTILIZANDO DETALHES
PARA FAZER
GRANDES DIFERENÇAS**

Ao iniciar uma palestra, sempre levo comigo um ensinamento extraído dos principais oradores americanos: tenha sempre um *hook* – em português um "gancho" – para iniciar a exposição. Algo como uma história, uma metáfora ou mesmo uma citação, que seja forte o suficiente para atrair a atenção da assistência e tenha nexo com o contexto da exposição que a sucederá.

Neste livro-palestra não será diferente. Antes de começar a discorrer sobre os inúmeros *slides* aqui contidos, quero contar uma história. O personagem da história sou eu mesmo. Talvez você possa conversar intimamente com a sua voz interior e murmurando:

– *O que este cara está pensando? Diz que toda a palestra deve ter um gancho impactante e apresenta, como exemplo, uma história pessoal? Que protagonismo! No mínimo, deve ser do signo de Leão.*

Poxa, em parte você acertou! Sou leonino, nascido em 27 de julho, madrugada fria de uma quinta-feira, em Porto Alegre.

Porém, embora leonino, honestamente não insiro a minha história por vaidade pessoal e, sim, como forma de mostrar que, muitas vezes, as grandes diferenças podem ser originadas na observação não-convencional de detalhes situacionais que fazem parte da nossa vida.

O EPISÓDIO

Eu tinha cinco anos de idade. Era uma noite úmida de agosto, típica do inverno gaúcho, e chegávamos a casa no automóvel dirigido por meu pai. Sonolento pelo adiantado da hora, sentado no banco traseiro, eu acompanhava-o manobrar o veículo à entrada da garagem. Naquela época, não havia porteiro eletrônico ou, se havia, era privilégio de famílias mais abastadas. Como éramos uma tradicional família de classe média, havia conforto, mas não havia luxo. E, pasmem os mais jovens, porteiro eletrônico, um dia, já foi evidente sinal exterior de riqueza.

Sem porteiro eletrônico, meu pai parava o carro, deixava-o ligado para não perder tempo, descia, indo movimentar o portão sobre trilhos, onde roletes de aço escorregavam ruidosamente até a abertura total. Assim, portão aberto, o velho professor Carlos Alberto – que até hoje nunca envelheceu, tal o seu dinamismo e energia pessoal – voltava ao veículo, fechava a porta e, lenta e cuidadosamente, estacionava-o entre as estreitas paredes de concreto pintadas de amarelo-ovo. Naquela noite a rotina não foi diferente, exceção feita a um fato que marcou definitivamente a minha vida.

Sentado na parte de trás, espremido e apoiado entre os bancos dianteiros, fiquei no carro, aguardando o meu pai cumprir o ritual de abertura do portão, quando, de repente, adentra o "fusca" verde-água uma figura que nunca mais saiu da minha memória: com gorro de lã listrado, casaco de couro e cachecol, senta-se ao volante, fecha a porta, dá marcha à ré, arranca o veículo bruscamente e, com voz baritonal, exalando um forte hálito de cachaça sem limão, exclama: – *Fica quieto aí, guri!* E foi, acelerando comigo dentro, certamente por acaso, pois seqüestros relâmpagos são modalidades de assalto mais recentes. Assim, sem que fosse aquele o objetivo, talvez tenha sido protagonista do primeiro caso de seqüestro relâmpago no Rio Grande do Sul.

Bem, mas não inseri essa história para falar do meu seqüestro. Graças a Deus o desfecho foi positivo e eu estou aqui, são e salvo, escrevendo este livro-palestra para você. Eu trouxe esse *hook* para falar de uma conseqüência advinda, provavelmente, deste episódio. Ocorre que, até aquele dia, eu era uma criança extrovertida, positiva e com ampla fluência verbal. Passado esse trauma, fui tomado por uma gagueira aguda que, desde então, tornou-se uma marca indelével em toda a minha vida.

O menino falante deu lugar a um adolescente gago que, a cada dia, experimentava situações tragicômicas, por vezes humilhantes e quase sempre constrangedoras. É fácil entender: por exemplo, você deve imaginar o grau de inferioridade que se apossa de um garoto gago na escola. "Batedeira", "freio de mão", "barco a vapor" – para ficar nos mais amenos – eram alguns dos apelidos que os colegas me cunhavam.

"Hei, Beto, quantas semanas tu levas pra ler em voz alta o teu nome?", bradava, do fundo da classe, um ex-colega do Colégio Militar, um dos mais "marrentos" e engraçadinhos da sala, sempre com uma piada de gago na ponta da língua para espalhar aos outros. "Sacanagem" pura, pois somente quem é gago sabe o quanto é difícil pronunciar palavras que iniciam com consoantes, e Carlos Alberto Carvalho Filho, além de longo, tem um "Ca, Ca" seqüencial, impossível de não trancar.

Entrando na pré-adolescência, 15 anos, veio a primeira namorada. Meu Deus! Quando eu ligava para a sua casa e, em vez dela, o pai atendia, trancava tudo! Um horror! Tinha de desligar e solicitar para alguém da minha família voltar a ligar e pedir para chamar a menina ao telefone. Imagine a situação: incapaz de pronunciar o nome da filha, que dirá construir frases de efeito para expor-lhe as minhas verdadeiras intenções.

Então, chegou o vestibular e, com ele, a grande dúvida: fazer jornalismo, vocação construída na admiração paterna (meu pai sempre foi um respeitado e conceituado jornalista gaúcho) ou fazer engenharia, afinal eu era bom em matemática e, acima de tudo, "o negócio do engenheiro era calcular e, desta forma, pouco seria exigido falar", argumentavam os meus dois melhores amigos à época: o *id* e o *ego*. Depois de muito confabularem, irem e virem, o medo venceu a esperança: fui fazer Engenharia Civil.

Cálculo 1, Cálculo 2, Cálculo 3, Cálculo 4, Álgebra 1, Álgebra 2, Equações Diferenciais, Mecânica dos Fluidos, Mecânica dos Solos, Resistência dos Materiais, Concreto Armado 1, Concreto Armado 2, Eletricidade, Portos, Rios e Canais, uma a uma as matérias iam se sucedendo e eu, árdua e estoicamente, sendo aprovado em todas elas. Foram cinco anos de batalhas para, em 12 de janeiro de 1985, finalmente, conseguir vencer a minha primeira grande guerra: cumprindo regiamente o cronograma das disciplinas do curso, fui diplomado como Engenheiro Civil, CREA-RS 53.437.

Festa, lágrimas, amigos, parentes, tudo certo para o início de uma nova fase da minha vida, certo? Errado!

Ou melhor, em parte sim, pois ao receber o canudo de engenheiro e a responsabilidade de trilhar um futuro, comecei a dar-me conta de que eu não tinha a menor vocação para o exercício dessa profissão. Ao contrário, eu detestava ficar restrito a um mundo numeral, estritamente racional, exato e tangível. Eu até gostava de matemática, mas daí a me dedicar à engenharia como profissão eterna havia um hiato amazônico.

A essa altura do campeonato o *id* e o *ego* já não se entendiam mais. Emoção e razão se digladiavam ininterruptamente, fazendo da minha cabeça uma autêntica arena romana. Foi então que o espírito leonino emergiu decidido, mandou o realismo do *ego* se aquietar, pegou o impulsivo *id* pelo pescoço e ordenou-lhe resolver essa parada. Ele, o *id,* agora insuflado e confiante, em voz interna tonitruante e direta, definiu curto e grosso:

– *Beto, você vai ser aquilo de que mais gosta. A única chance de uma pessoa ter sucesso na vida é seguir a sua vocação.*

Na verdade, o *id* tentava me dizer que deveria seguir o que o meu sentimento mandasse. Em bom "gauchês", algo como um: "– *Tchê, deixa de frescura e vá ser feliz!"* E foi isso que decidi fazer. Afinal, eu não fui feito para viver apenas a singularidade dos números, e sim, para conviver na pluralidade das pessoas.

Assim, no mesmo ano em que me formei em Engenharia Civil, decidi largar tudo e tentar seguir o rumo da minha vocação, ou do coração: trabalhar com gente.

E por onde começar? Bem, antes de tudo, eu teria de enfrentar as minhas limitações e, sobre elas, buscar construir a minha trajetória, superando-as ou aceitando-as. Confesso que livros de auto-ajuda eu havia consumido quase todos. Porém, em nenhum deles conseguia me desvencilhar dos mesmos chavões: "superar limites", "suplantar obstáculos", "enfrentar desafios". Veja bem, eu não sou contra esses gritos de guerra indutores à vitória. Ao contrário, se bem trabalhados e apropriadamente colocados, podem dar resultados muito positivos. Mas, no meu caso, essas expressões resultavam pouco consistentes. Talvez porque de tanto lê-las, psicologicamente, o efeito tinha se esvaziado. E mais: até aquele momento, eu não havia superado limite algum, suplantado um muro sequer e, tampouco, enfrentado um desafio que merecesse assim ser chamado. Foi então que o *ego* voltou à cena e, com a sua voz pausada, lógica e aveludada, sussurrou:

– *Beto, por que, em vez de buscar superar este problema, você não procura transformá-lo em vantagem competitiva?*

Incrível! Eu nem sabia que o meu *ego*, desde aquele tempo, era mercadológico! Transformar o problema em vantagem competitiva, além de charmoso, me soava genial. Sem querer parafrasear as famosas "Organizações Tabajara", pensei: "se isto for verdade, enfim acabaram-se os meus problemas!"

O certo é que, a partir de então, passei a respeitar o *ego*. Percebi que no fundo, por trás daquele jeitão meio pé-no-chão, também batia um coração. E mais: comecei a ver que, mesmo antagônicos, *id* e *ego* eram vinhos da mesma pipa, personagens do bem que, acima de tudo, desejavam-me o melhor. Ou seja, me dei conta de que, se *id* e *ego* se unissem, cada um com o seu estilo e idiossincrasias, eu seria mais forte, mais estratégico e, sobretudo, mais feliz.

Pronto, tudo começou a ficar claro na minha cabeça. Chamei os dois e, recordando as aulas de adestramento do saudoso Astor – um pastor alemão que, quando criança, eu sonhava transformar em Rin-tin-tin –, bradei:

– *Id! Ego! Aqui! Junto!*

Eles se entreolharam, como que não entendendo a minha veemência. Todavia, logo passaram a entender a importância que seria, para mim, tê-los trabalhando juntos em favor do meu ideal.

A frase do *ego* ficava ecoando no meu cérebro. Pensava comigo: "como fazer do limão uma limonada? Como pegar um problema de tamanha magnitude pessoal e transformá-lo em vantagem competitiva?"

Por muitos dias, porém, passei a escutar uma voz interna, que suavemente reverberava no meu íntimo:

– *Coragem, Beto. É agora ou nunca! Enfrenta e segue em frente; ou foge e serás um eterno frustrado, sem teres te permitido sequer tentar.*

Durante algum tempo, também, fiquei fomentando forças para decidir, fumando um cigarro atrás do outro (naquela época eu ainda fumava, culpa do *id* e do *ego*, dois fumantes inveterados), verificando alternativas, quando surgiu uma oportunidade de trabalhar na Xerox do Brasil, uma subsidiária brasileira pertencente à gigante mundial do segmento de copiadoras. No início, fiquei em dúvida em aceitar, pois imaginava ser alguma coisa para a área de engenharia. Porém, quando fui informado que era para uma nova função, prontamente me interessei.

Após a entrevista, recebi um *feedback* muito amável do gerente de RH dizendo-me que, apesar das dificuldades naturais (um educado eufemismo para me dizer "apesar de ser gago") eu estava aprovado e, realizados os exames médicos, eu já poderia começar como vendedor de copiadoras no segmento de novos clientes, ou "bate-latas", como eram chamados os profissionais desta função.

Nesse momento, *id e ego* fitaram-se de soslaio e, em uníssono, perplexos, perguntaram-se:

– O *quê? Ven-de-dor? Gago?*

Passados breves segundos, *id e ego* relembraram o acordo feito e, unidos, sacramentaram a decisão em uma só conclusão:

– *Aceita o desafio, Beto. É esta a oportunidade de transformar o problema em vantagem. Chegou a hora de começar a fazer deste limão uma grande limonada.*

Assim, poucos meses depois de me formar, eu estava deixando a glamourosa condição de engenheiro civil para assumir a, no mínimo curiosa, função de vendedor "bate-latas".

DO LIMÃO À LIMONADA

Recordo-me do primeiro dia. Seguindo os conselhos da minha avó materna – além de um mimo de pessoa, uma costureira de mão-cheia –, cheguei embalado impecavelmente em um terno azul-marinho, gravata bordô, camisa branca, sapatos pretos e bem lustrados. Ansioso, fui logo querendo saber por onde começar. Mal sabia que estava entrando em uma empresa modelar na atividade comercial e que, à época, antes de sair a campo, deveria cumprir um programa de treinamento de noventa dias. Modelar era pouco para defini-la: em uma semana de qualificação já dava para sentir que estava ingressando em uma verdadeira escola de vendas. Cumprida a fase de capacitação, fruto de inúmeros cursos teóricos e simulações práticas, estava pronto para ir à luta, visitar clientes e, enfim, começar a ser um profissional de vendas.

A atividade na Xerox iniciava cedo, oito horas da manhã era o horário marcado para a chegada dos vendedores que, rapidamente, iam lotando o salão de vendas, uma grande área aberta composta de três mesas imensas, cada uma delas com capacidade para acomodar até doze pessoas. A disposição seguia um critério de times, ou seja, uma mesa para os vendedores que prospectavam novas contas, outra para os vendedores que atendiam aqueles que já eram clientes e, por fim, uma terceira, destinada aos vendedores mais experientes e qualificados, que administravam o atendimento aos principais clientes, os chamados "grandes contas".

O salão de vendas era um ambiente alegre, interativo e integrativo. Nele, enquanto sorviam goles de café, chá ou chimarrão, os vendedores preenchiam seus relatórios, despachavam com os gerentes, analisavam seus clientes ou discutiam sobre futebol – não, necessariamente, nessa ordem – e lá pelas nove horas, começavam a sair para mais um dia de trabalho.

Eu observava tudo com atenção, procurava analisar todos os movimentos, procurando extrair de cada situação um pouco mais de sentimento sobre esta minha nova realidade profissional. O fato de ser gago causava certa curiosidade geral. Alguns queriam saber como iria fazer para administrar a anomalia verbal na frente do cliente; outros, mais solidários, se prontificavam a ir junto comigo nas primeiras visitas e auxiliar na argumentação. A maioria, porém, não conseguia disfarçar o olhar de descrédito quanto ao meu desempenho. A tudo assistia e de tudo recolhia o subsídio motivacional necessário para encarar a situação, altivo e, apoiado pelos inseparáveis *id* e *ego*, totalmente determinado a fazer do limão uma limonada.

Passada a primeira semana, deixando de ser novidade para os demais, comecei a impor o meu estilo pessoal, baseado no seguinte princípio estratégico, extraído dos ensinamentos do legendário Michael Porter: o da diferenciação. A base do meu pensamento estava alicerçada na seguinte constatação: se o estereótipo do vendedor é um sujeito de fala descolada e fluente, por que eu não poderia, em contraponto a esse conceito, ser um vendedor gago e com maior riqueza vocabular? Ou seja, por que não explorar duas marcantes características pessoais: a gagueira, por razões óbvias, e a extensão do vocabulário, esta última um recurso adquirido em função da primeira, haja vista a minha permanentemente necessidade de utilizar sinônimos instantâneos para minimizar os percalços orais?

Em primeiro lugar, como as equipes de futebol, adotei o costume do aquecimento antes de cada partida, ou de cada dia de trabalho. Ele consistia em agendar os meus clientes para depois das dez horas da manhã. Entretanto, antes das nove, eu já havia feito os meus relatórios, conversado com o gerente, definido a região geográfica a explorar para a captura de clientes e, até mesmo, comentado sobre futebol.

Você deve estar se perguntando: "mas, se as visitas estavam agendadas para depois das dez e eu saía bem antes das nove, o que eu fazia nesse ínterim?" Vou confessar: eu visitava açougues! O ritual era imutável: elegia um ou dois açougues relativamente próximos às regiões onde iria trabalhar naquele dia e, corajosamente, abordava os seus proprietários para oferecer-lhes máquinas copiadoras. Isso mesmo: eu começava o dia tentando vender copiadoras em açougues!

Pense rápido: você tem idéia de quantas máquinas copiadoras eu vendi em açougues ao longo da minha vida? Respondo: nenhuma! E nem poderia vender, afinal, você pode imaginar, vinte anos atrás, um açougue utilizando copiadora? Se hoje tal situação é praticamente impensável, imagine em 1985! Mas, na verdade, honestamente, eu não comparecia ao açougue com o objetivo de vender; ao contrário, eu utilizava o açougue para treinar. Eu sabia que o açougueiro não me compraria, tampouco alugaria, uma máquina copiadora. Assim, eu ficava mais à vontade para gaguejar, experimentar falas, gestos ou argumentações diferentes. Eu sabia que não estava queimando uma venda, pois o estabelecimento jamais seria meu cliente, e isto me deixava mais à vontade para errar, experimentar e me auto-analisar. Ou seja, eu utilizava o açougue como possibilidade de aprendizado, de treinamento e, sobretudo, de superação pessoal.

Cansado de tanto gaguejar no açougue, às dez horas eu já estava verbalmente aquecido e, tecnicamente, mais bem preparado para visitar escolas e empresas, estas sim, potenciais clientes à aquisição de copiadoras.

A sistemática foi dando certo, aos poucos fui encontrando um estilo, moldando-me a cada cliente, maximizando os meus pontos fortes e minimizando as minhas deficiências. A linguagem mais elaborada que impunha em meus diálogos era proferida com naturalidade, sem pedantismos, assumindo uma verdadeira marca pessoal. A senha para a constatação do acerto na adoção dessa estratégia veio de um cliente que eu havia visitado e que ligara à secretária de vendas para falar comigo e, esquecendo momentaneamente do meu nome, assim me caracterizou:

– *Alô, por favor, eu queria falar com o vendedor que me visitou na semana passada. Eu estou sem o cartão dele aqui comigo e, agora, não me recordo exatamente o seu nome.*

A secretária do outro lado da linha, acostumada a eventuais lapsos dessa natureza, foi logo procurando ajudar:

– *Ok, deixe-me ajudá-lo. Você poderia descrevê-lo?*

– *Sim, ele é um jovem, vinte e poucos anos, relativamente alto, simpático e culto. Ah! Recordo-me também que ele é engenheiro.*

Impressionante! O simples uso de palavras não comuns à rotina dos vendedores transformara-me em erudito. Repentinamente, eu deixara de ser percebido como um "vendedor gago" e passara a ser definido como "vendedor culto". Bingo! A diferença estava aparecendo: o fato de ser gago era algo que começava a ser detalhe e, dessa forma, outros atributos pessoais assumiam maior relevância contextual.

Naquele dia, voltei para casa com uma felicidade incontida. O *id* e o *ego*, então, nem se fala! Amigos de todas as horas, eles vibravam juntos comigo como duas crianças. O *id*, como sempre impulsivo e incontrolável, já entoava um entusiasmado *"É cam-pe-ão! É cam-pe-ão!"*. O *ego*, mais sensato e prudente, me cumprimentava pela conquista, mas pedia comedimento e continuidade no treinamento, na dedicação e na disciplina pessoal. Os dois tinham razão: como em tudo que obtemos na vida, devemos ter o momento de celebrar e a consciência de que mais difícil do que conquistar é o desafio de permanecer. Assim entendi, assim assimilei e assim segui em frente.

A cada dia, um novo dia, um novo desafio e uma nova conquista. Por sempre procurar entender os porquês das coisas – o raciocínio lógico foi um dos bons legados que a engenharia me deixou – comecei a perceber que o "saber falar" em nada assegurava aptidão à atividade de vendedor. Ao contrário: falar descontrolada e inapropriadamente quase sempre compromete desempenhos comerciais. O importante para o êxito profissional residia em duas habilidades: o "saber escutar" o cliente e o "saber comunicar-se" com o cliente. O saber escutar cria empatia, valoriza o cliente e mostra o respeito e atenção que temos com ele; o saber comunicar envolve utilizar, plenamente, todas as linguagens possíveis na transmissão da mensagem ao cliente, seja verbal (tom de voz, ênfases, ritmo, pausas), seja não-verbal (gestos, olhares, expressões ou sentimentos).

Como em um passe de mágica, comecei a fazer descobertas maravilhosas sobre a profissão. Descobri, por exemplo, que vender, acima de tudo, era saber lidar com emoções: as nossas e as do cliente. Descobri, também, que a construção de confiança deve estar na base da relação vendedor-cliente. Aprofundando mais a prospecção na magia de vender, fui descobrir que o vendedor de sucesso "escuta com os ouvidos da mente e fala com a voz da alma".

Bem, a partir daí, foi apenas pegar o espremedor. Os limões já estavam descascados, cortados em quadrantes harmônicos, prontos para a limonada. E não deu outra: explodi como vendedor. Ganhei dinheiro, prêmios sucessivos, recompensas diversas e, sobretudo, o respeito de todos. Continuei sendo referência; antes pela gagueira, agora pelo desempenho. Em poucos anos fui construindo uma trajetória seqüencial crescente e conseqüente: vendedor "novas contas", vendedor "grandes contas", supervisor de vendas, gerente de mercado, enfim, experimentei, em menos de sete anos de Xerox, quase tudo que um jovem profissional de vendas almejaria em tão curto espaço de tempo.

Em 1992, por opção pessoal, decidi seguir outros caminhos profissionais, mas sempre voltados à área comercial e, em todos eles, com aprendizado constante nas derrotas e cuidado permanente na celebração das vitórias.

A gagueira, é importante salientar, permanece – mais bem administrada, é claro – como uma marca pessoal que, confesso, hoje não desejo mais perder. Ela se tornou ícone da minha luta, referência maior aos meus propósitos e, por que não dizer, gerou um certo valor agregado à minha imagem.

Em 2004, aceitando um convite feito por um importante grupo de comunicação para proferir uma palestra aos seus funcionários, iniciei uma nova fase na minha vida profissional. Agregando às funções executivas que exerço como diretor de marketing de uma instituição financeira, desde então, passei também a ser um palestrante nacional sobre temas relacionados ao marketing e, principalmente, a vendas. E, mais uma vez, fui buscar na diferenciação o foco principal na condução estratégica dessa atividade.

Observei que existem muitas pessoas com grande habilidade para se comunicar. Existem, também, muitos palestrantes exímios na arte de verbalizar. Porém, gagos que se comunicam bem são poucos. Palestrante, então, nem se fala! Logo, com perdão pela imodéstia, sou obrigado a reconhecer: "sou líder de segmento!" (risos). Algo como apregoaram dois dos mais conceituados gurus do marketing mundial, Al Ries e Jack Trout, que em seus livros consagrados, *Posicionamento* e *Marketing de guerra*, profetizaram: "se você não for o primeiro em sua categoria, procure criar uma outra onde possa se destacar". De certa forma, foi o que fiz. No segmento de "palestrantes gagos", arrisco afirmar, estou entre os mais lembrados. Pelo menos, em outubro de 2005, fui assim reconhecido, quando matéria de duas páginas da revista *Você S/A* abordou esta característica peculiar de me expressar. Ou você acha que se não fosse gago eu receberia menção em duas páginas da *Você S/A* em menos de um ano como palestrante? É engraçado, mas é realidade; quando eu era criança, nos meus tormentosos momentos de reflexão, vivia exclamando aos céus:

– *Meu Deus, por que me fez gago? Por que eu?*

Hoje, olhando a vida pelo retrovisor, humildemente, tenho de reconhecer que dou graças a Deus por ter me dado a oportunidade de ser diferente e poder fazer disso uma grande vantagem.

Ao finalizar esta introdução, quero ressaltar que, ao apresentar esse *hook*, expresso minha gratidão à atividade de vendas e, mais especificamente, à função de vendedor profissional, a principal disciplina prática na "universidade da ciência da negociação". Utilizo-o, também, para mostrar que "diferenciar-se" é fator fundamental para o sucesso de qualquer profissional, especialmente em vendas. Porém, a razão maior da inserção da minha história, como tópico primeiro deste livro-palestra, foi evidenciar que a verdadeira diferença tende a estar em lugares onde jamais imaginaríamos encontrá-la e, especialmente, alojada em algum canto ainda inexplorado do nosso "eu".

Henry Ford, inesquecível expoente da Revolução Industrial, dizia que "o sucesso está em cem pequenas coisas feitas um pouco melhor; mas o fracasso também pode estar em cem pequenas coisas feitas um pouco pior". Refletindo sobre essa frase e inserindo-a no mundo de hoje, a cada dia mais integrado, imitável e competitivo, não tenho dúvidas em afirmar: "a diferença está no aproveitamento dos detalhes. Alguns, mais perto; outros, mais longe. Mas, certamente, muitos ao nosso alcance. Estar apto a enxergá-los e disposto a utilizá-los pode fazer a grande diferença".

E, assim, com este propósito, espero que o conteúdo exposto ao longo deste livro-palestra possa auxiliá-lo de alguma forma a melhorar a sua performance pessoal, incentivá-lo a descobrir os seus "açougues" e, sobretudo, ajudá-lo a ser a *azeitona desta maravilhosa empada chamada negociação.*

PARTE 1

TRIPÉ DA DIFERENCIAÇÃO:

A BASE DA DIFERENÇA EM NEGOCIAÇÃO

A primeira vez que entendi a importância de um bom "tripé" foi no início da década de 70, quando, ainda menino, me tornara fanático por futebol e um apaixonado torcedor do Grêmio porto-alegrense. Lembro-me bem que *Cacau, Iura e Neca* compunham o nosso tripé de meio-campo e tentavam fazer frente – e por vezes até conseguiam – aos incomparáveis *Caçapava, Falcão e Carpeggiani*, o tripé do Internacional, maior rival do Grêmio, e à época, disparado, o melhor time do Brasil. O tripé era uma composição clássica de jogadores de meio-campo, por onde tudo passava, tudo se resolvia e, por certo, tudo se encaminhava à definição do gol, o objetivo maior desse esporte. Hoje, embora os esquemas táticos tenham se aperfeiçoado e novas concepções estratégicas estejam sendo colocadas em prática, sempre aparece "um tal de tripé" como elemento vital à organização das equipes de futebol: ora é na defesa, com a utilização de três zagueiros, ora é no ataque, com o uso de três atacantes, ou mesmo no meio-campo, onde não raras vezes aparecem os famigerados "três volantes de contenção". Ou seja, vira e mexe, lá está o tripé, mutante e adaptável, é verdade, mas sempre presente e saliente no contexto do futebol.

Em negociações ou vendas, também entendo existir um tripé fundamental ao sucesso. Chamo-o de *Tripé da diferenciação*. Por ele, como no homônimo do meio-campo, tudo passa, tudo se resolve e tudo se descortina na redundância da conquista do cliente ou interlocutor, o equivalente ao gol em vendas. Defini-o em três elementos básicos e integrados na sua composição: (1) a *Diferenciação pessoal*, referente ao arsenal de habilidades e aos recursos pessoais necessários para gerar diferenças; (2) a *Diferenciação estratégica*, especialmente na construção de elementos de influência e composição de valor a serem percebidos pelo interlocutor no processo de negociação; e (3) a *Diferenciação tática*, englobando aspectos relacionados à persuasão e emoção argumentativa que o negociador utiliza na implantação das etapas práticas da negociação propriamente dita.

Vejamos, na seqüência, com maior atenção, cada um desses elementos do *Tripé da diferenciação*.

DIFERENCIAÇÃO PESSOAL

Somente quando ingressei na atividade de vendas, pude perceber o quanto um estereótipo deturpado pode ser nocivo a toda uma classe profissional. A imagem do vendedor "picareta", de discurso fácil, superficial e manipulador, ainda emerge quando procuro lembrar dos meus primeiros passos como homem de vendas. Recordo-me com exatidão o constrangimento que sentia quando, ao me apresentar como vendedor – fosse no meu cotidiano acadêmico, fosse em uma ambiência social – percebia surdas atitudes de menosprezo ou pouca valorização pessoal. Por exemplo, habitar um espaço acadêmico superior – naquela época, após concluir a graduação em Engenharia Civil e decidir adotar o rumo comercial, iniciara o meu primeiro curso de pós-graduação voltado à área de marketing –, para um vendedor, era incongruente com os padrões analíticos da época. Afinal, a figura do vendedor sempre estivera atrelada a pessoas que "a nada se adaptavam na vida profissional", além de serem pouco afeitas ao aprofundamento cultural.

Assumo que o desconforto causado pelos eufemismos de identificação profissional, muito adotados pelas áreas de vendas dos mais variados tipos de empresas, sempre foi tônica de meus questionamentos em busca da qualificação da atividade e mudança de paradigma comportamental. Até hoje, vendedor é "representante de vendas" ou "especialista de mercado", entre outros sinônimos ou apelidos mais simpáticos, criados para definir, simplesmente, a figura do vendedor. A criatividade em inventar nomenclaturas pomposas ao profissional de vendas encontrou eco, inclusive, em ambientes profissionais mais elitizados e charmosos: no segmento de bancos, para ilustrar, o vendedor de produtos financeiros é *account manager*; e no ramo publicitário, aqueles que trabalham no atendimento ao cliente se autodenominam gerentes de conta. Enfim,

O tripé da diferenciação

apelidos e mais apelidos, tudo para dissociar a imagem do vendedor do contexto profissional em que cada um estava inserido. E o pior: isso foi ontem e ainda acontece hoje. E o amanhã? Embora haja evoluções, o caminho para repavimentar os estragos causados ainda é longo, exigindo esforço e consciência profissional.

A base da quebra do estereótipo arraigado no vendedor está na construção de uma nova imagem desse profissional. O vendedor forjado nos preceitos passados está com os dias contados. O "foco na venda", tão comum durante boa parte do século XX, vem dando lugar ao "foco no cliente". O ato de vender está deixando de ser um evento transacional para incorporar um valor relacional. O novo vendedor, mais profissional e qualificado, enxerga a sua função de uma forma mais ampla, muito mais abrangente e complexa quanto às suas responsabilidades. Gosto muito de uma expressão utilizada pelo Carlos Alberto Júlio, um renomado executivo e palestrante brasileiro, para cunhar esse vendedor moderno. Diz ele: *"vendedor de sucesso hoje é aquele que consegue transformar o cliente em freguês"*[1]. Embora possa parecer singela, a frase de Carlos Júlio traz consigo os fundamentos basilares de relacionamento comercial. Ou seja, vendedor de sucesso é aquele que consegue fazer não uma, mas duas, três, quatro, dezenas ou centenas de vendas para o mesmo cliente. Este é o freguês, alguém que compra, gosta e volta a comprar. Em suma, vendedor século XXI tem de ter visão de longo prazo e,

---

1. C. A. Júlio. *A magia dos grandes negociadores.*

retornando ao que mencionei, tem de saber utilizar na plenitude o Tripé da diferenciação.

Penso, entretanto, que o grande divisor de águas desse processo de mudança comportamental está no tratamento que o vendedor deva dar ao processo de vendas. Em vez do objetivo unilateral, do ganho a qualquer preço e da agressividade promíscua em busca de resultados imediatos, faz-se importante saber que a venda é, antes de tudo, um "ato de negociação".

Você pode querer perguntar, o que isso significa? Veja bem: nos mais simples dos cotidianos, em algum momento, em alguma situação efetiva, existem casos em que interesses diversos emergem do contexto de normalidade. Nesses casos, surge a necessidade da busca de consensos, persuasão ou mesmo acordos. Seja em relacionamentos familiares ou no convívio com amigos e vizinhos, seja na relação com fornecedores, clientes ou colegas de trabalho, é inevitável o surgimento de questões que não podem ser resolvidas por um único lado. A condução desta situação – em que duas ou mais pessoas tenham visões, opiniões ou interesses incongruentes, com o intuito de se estabelecer uma solução a ser aceita por todos os envolvidos neste processo – define-se como "negociação".

Transpondo a visão de negociação para a realidade da venda, podemos dizer que a essência do exercício da atividade de vendas repousa em construir um conjunto de estratégias e táticas capaz de conquistar pessoas, envolvendo-as em uma atmosfera positiva, em que haja ganhos mútuos e,

O tripé da diferenciação ☐●☐☐ 45

sobretudo, aceitos, compreendidos e permanentes ao longo do tempo. Neil Rackham, o célebre autor da *Técnica de vendas SPIN* – um dos melhores fundamentos teóricos já produzidos sobre abordagem em vendas –, em uma exposição feita no Fórum Mundial de Marketing e Vendas da HSM, em 2006, afirmou que "negociar é conquistar pessoas das quais se espera obter algo"[2]. Comungando com essa opinião, ouso fazer um pequeno complemento, reconstruindo a frase: "negociar é conquistar pessoas das quais se espera obter algo, tendo, porém, condições de oferecer algo que as pessoas estejam esperando". Isto é, se vender é negociar, e negociar é um processo de ganhos compartilhados e recíprocos, então vender é uma relação permanente de "ganha-ganha", na qual para uma parte ganhar, a outra não precisa necessariamente perder.

NEGOCIAR REQUER:

Empatia
Capacidade de colocar-se no lugar do interlocutor

Ego-drive
Determinação, capacidade de auto-direcionar-se, motivar-se e motivar os outros

Percepção
Escutar, observar as reações e entender o comportamento do interlocutor.

Servir
Capacidade de solucionar problemas, doação, entrega em busca da satisfação das necessidades externas pelo interlocutor

---

2. N. Rackham. *SPIN selling*.

Eu não conheço negociador de sucesso que não tenha nessas quatro habilidades um dos seus pontos fortes. Talvez ele possa ter uma mais destacada que outra, porém, na média, existe um equilíbrio harmônico que o capacita a ser diferenciado.

Empatia

A primeira habilidade é a *empatia,* ou a capacidade que o negociador deve ter de colocar-se no lugar do interlocutor. A *empatia* não significa simpatia, muito embora "ser simpático" possa ser uma virtude interessante a integrar o *mix* de habilidades. "Ser empático" significa ter condições de sentar na cadeira do interlocutor e entender as suas reações ao longo da negociação: é saber avaliar aquilo que pode ser mais persuasivo à sua mente e, principalmente, saber moldar-se ao seu estilo, às suas idiossincrasias e à sua zona de conforto ao diálogo.

Ego-drive

A segunda habilidade é aquilo que impulsiona o negociador a seguir em frente, a lutar e jamais esmorecer: o *ego-drive.* Essa expressão, em português, significa a determinação interior de cada um, a capacidade de autodirecionar-se, de motivar-se e de motivar os outros.

Fazendo uma reflexão pessoal, creio que se tivesse de escolher uma das habilidades que melhor me identificam, com certeza, seria o *ego-drive.* Num rápido *flashback* da minha vida como vendedor, relembrando as piores situações de desconforto ou de frustração, vejo que foi o meu senso de determinação, de vontade compulsiva de vencer, que sempre me impeliu a não desistir. E hoje constato como essa habilidade foi decisiva para a minha superação.

Quando era supervisor de vendas da Xerox, recordo-me de ter na minha equipe cerca de vinte vendedores. Eu sempre tinha um cuidado especial com cada um deles. Tal qual um técnico de futebol, procurava explorar individualmente o máximo de suas habilidades. Ao contrário daqueles que entendem que as pessoas devem se esforçar para melhorar os seus pontos fracos, eu sempre entendi que devemos reforçar aquilo que sabemos fazer melhor. O esforço em qualificar o que temos como vocação ou aptidão pessoal é muito mais proveitoso e gratificante do que o extenuante trabalho de procurar melhorar algo de que não gostamos, não temos afeição pessoal ou prazer em realizar. "Cada macaco no seu galho!" E assim fazia, motivando cada integrante da equipe a buscar o seu melhor, de acordo com a potencialidade das suas habilidades ou diferenciais pessoais.

Dessa forma, se um deles era desorganizado e muito criativo, não impunha que se tornasse um modelo "tayloriano" de organização. Recomendava evitar que a desorganização prejudicasse os seus pontos fortes. Porém, estimulava-o a concentrar-se prioritariamente em desenvolver o seu potencial criativo, pois nesse campo ele seria muito mais diferenciado do que os outros. E todos o respeitariam por isso. Enfim, meu lema sempre foi trabalhar no sentido de "minimizar a influência negativa dos nossos pontos fracos e maximizar os efeitos positivos dos nossos pontos fortes". E isso, invariavelmente, era conversa sistemática em reuniões grupais de venda, lição de casa para todos e, principalmente, objetivo para treinar, treinar e treinar mais.

Exatamente nesse ponto, a importância do *ego-drive* se sobressaía. As pessoas conseguem se determinar naquilo que sentem ter condições para atingir. Assim, despertando o *ego-drive* contido em cada um, tínhamos uma equipe direcionada, mais feliz, mais confiante, mais ousada e, acima de tudo, tínhamos uma equipe melhor.

Percepção

A terceira habilidade, a *percepção,* resulta no controle sensorial de todo o universo da negociação. Saber escutar – mais do que falar –, observar as reações não-verbais do interlocutor e interpretá-las em condições de avaliar os porquês dos comportamentos por ele assumidos no decorrer do processo, fazem parte do exercício dessa habilidade. A *percepção* é a sensibilidade em prática. É despir-se de preconceitos ou de verdades absolutas e axiomáticas; é deixar o radar interior trabalhar, captando informações e sentimentos, em condições de traduzi-los em subsídios importantes para a construção de um processo de negociação exitoso e apropriado a cada situação.

Servir

Completando o quarteto de habilidades pessoais, menciono a disposição em *servir*. Ela se refere à condição de estar disponível para atender, solucionar problemas ou entregar-se, de corpo e alma, para procurar satisfazer necessidades externadas pelo interlocutor. A palavra *servir*, atrelada ao relacionamento, nos últimos tempos vem ganhando espaços relevantes na conceituação de liderança. O recentemente incensado consultor James Hunt traduz no seu *best-seller*, *O monge e o executivo*, a importância do ato de doação na gestão de pessoas. O conceito do "líder servidor"[3], a cada dia ganha adeptos, lota platéias, arrebatando corações e mentes já quase saturados de tanto pragmatismo e busca obsessiva por resultados a qualquer preço. Em processo de negociação ou vendas, servir também é um predicado fundamental à sintonia com o interlocutor ou cliente, principalmente à construção de *rapport* o que, mais adiante, veremos com mais detalhes quando abordarmos a Diferenciação tática.

NEGOCIAR, PRINCIPALMENTE, REQUER:

Saber ouvir atentamente

- Valoriza o interlocutor
- Minimiza objeções
- Aplaca a "voz interior" negativa
- Cria interesse e atenção

PAVIMENTA O CAMINHO PARA O SIM!

---

3. J. Hunt. *O monge e o executivo*.

Ouvir ativamente

Propositalmente, deixei esta quinta habilidade em separado, tal a importância que ela tem para a diferenciação pessoal em um contexto de negociação. O saber *ouvir ativamente*[4] (expressão cunhada por William Ury) é muito mais do que "escutar" o interlocutor; é, sobretudo, "valorizar" o que ele diz. E essa simples postura auditivo-comportamental é capaz de produzir uma tremenda diferença na arte de negociar.

Procure testar, em um próximo contato pessoal, a reação do seu interlocutor quando você se predispõe a *ouvi-lo ativamente*. É incrível! O grau de reciprocidade de atenção dado por alguém quando o escutamos ativamente cresce exponencialmente. As pessoas tendem a dar mais atenção a quem dedica mais atenção a elas. E como fazemos isso? Bem, tenho o meu formato de *ouvir ativamente*, porém cada um pode montar o seu, desde que o princípio seja o mesmo, isto é, "dar atenção sincera e total ao interlocutor".

Naturalmente, por característica pessoal, utilizo o seguinte formato: uso muito a linguagem não-verbal para expressar o meu *ouvir ativamente*. Enquanto o interlocutor fala, busco concentrar-me nele como a coisa mais importante naquele momento. Procuro olhá-lo nos olhos para evidenciar o interesse no que ele está expondo. Em complemento, de acordo com as suas colocações, deixo fluir os meus movimentos faciais (concordância, surpresa,

---

4. W. Ury; R. Fischer. *Getting to yes.*

O tripé da diferenciação □●□□ 51

alegria, consternação etc.) como que acompanhando o sentido do conteúdo que está sendo apresentado. Acho adequado deixá-lo falar sem interrupções abruptas e, educadamente, vou obtemperando com perguntas sucintas, em busca de concordância mútua sobre o assunto que está sendo abordado. Isso vai gerando uma sintonia cada vez mais crescente entre nós, favorecendo todas as demais etapas da negociação. *Ouvir ativamente* cria uma sensação de valorização no interlocutor, demonstra interesse e, tal qual um princípio físico, gera reação em vetor contrário, em um mesmo sentido e de igual intensidade.

Outro fator importante a ser considerado na habilidade de *ouvir ativamente* é a capacidade que ela tem de aplacar a "voz interior negativa". Douglas Stone, autor do livro *Conversas difíceis*, comenta que "quando uma pessoa fala com outra, escutam-se duas vozes: uma audível, do emissor da mensagem, e uma outra interna, referente a como o receptor está decodificando o que é dito, qualificando o emissor"[5]. Assim, quando argumentamos com um interlocutor, devemos ter ciência, permanentemente, da existência de uma surda voz interior a rotular-nos, positiva ou negativamente, acerca do que está sendo exposto. Nesse sentido é que pondero sobre a importância de *ouvir ativamente*. Ao darmos atenção ao interlocutor, estamos construindo uma estrada de aceitabilidades futuras, minimizando a ocorrência de objeções emocionais ou subjetivas e favorecendo enormemente a

---

5. D. Stone; B. Patton; S. Heen. *Conversas difíceis*.

efetividade da nossa argumentação. Resumindo: ao *ouvir ativamente,* na rodovia da negociação, estamos reduzindo a incidência do "não" e pavimentando o caminho para o "sim".

Perfil do novo vendedor

Sou grande admirador do professor Neil Rackham e, muitas vezes, tenho-o citado como fonte de conhecimento indispensável em minhas conversas sobre vendas. Certamente, esse sentimento advém da minha verdadeira adoração pela técnica de vendas SPIN, aprendida nos primeiros anos como vendedor, cujos conceitos apresentados continuo utilizando em minhas negociações até hoje.

Rackham, quando discorre sobre a construção do papel do vendedor nesse novo cenário da venda, destaca uma nova realidade para esse profissional. Enfatiza que é "muito mais do que ser um profissional capaz de assegurar ao cliente, no momento certo, as informações certas sobre o produto/serviço, para embasar uma decisão de compra a seu favor; ou simplesmente ter a condição de mostrar aos clientes algo valioso a atender as suas necessidades; ou ainda ser alguém em condições de traduzir as vantagens dos produtos/serviços de uma empresa em uma linguagem que o consumidor entenda; mais do que tudo isso, o novo propósito do vendedor moderno é criar e comunicar aos clientes o valor dos produtos ou serviços de uma empresa"[6].

Fazendo uma analogia com aquele refrão do *spray* analgésico Gelol, cujo consagrado bordão publicitário dizia "não basta ser pai, tem de participar", o novo papel do vendedor transcende a única condição de comunicar o valor de um produto ou serviço. "Já não basta comunicar, é preciso saber criar o valor a ser percebido pelo cliente", seria o meu *slogan* para definir essa nova realidade do profissional de vendas. Ou seja, comunicar valor é o "basicão", quase uma *commodity* comportamental do vendedor. A diferença está, sim, na capacidade de percepção, principalmente, de antevisão das necessidades do cliente e, conseqüentemente, na competência em conseguir criar valor a ser percebido por ele, como soluções qualificadas e efetivas para satisfazê-las.

Esta é a grande diferença do novo perfil do vendedor. Sai o "ventríloquo de características e vantagens" do

---

6. N. Rackham. *Op. cit.*

produto e entra em campo o "criador de idéias e benefícios" a serem concebidos e persuasivamente comunicados ao cliente. E, sendo sincero, "salve essa diferença!", pois ela, definitivamente, poderá ratificar o fim do "vendedor tirador de pedidos", dando lugar à vida eterna do profissional consultor em vendas, parceiro comprometido com o sucesso do seu cliente e focado em uma relação de longo prazo. Um verdadeiro "negociador": este passa a ser o novo perfil do vendedor moderno.

DIFERENCIAÇÃO ESTRATÉGICA

Seguindo a análise do Tripé da diferenciação, temos agora a *Diferenciação estratégica*. Eu a identifico como o diferencial necessário à construção da atmosfera de atratividade e envolvimento com o interlocutor. Vislumbro, também, dois atributos fundamentais à sua concepção: a "construção de valor" a ser percebido pelo interlocutor e a "capacidade de influência", que o negociador consegue promover junto ao interlocutor, para a aceitação dos argumentos constantes em uma negociação.

DEFININDO VALOR

VALOR = BENEFÍCIOS − CUSTOS

- Medida que identifica o quanto um cliente está disposto a pagar para ter os benefícios advindos de um determinado produto ou serviço
- O produto em si não tem valor. É o cliente que define o valor ao produto.

Valor

Se pararmos para pensar sobre o que consideramos *valor* em um produto ou serviço, chegaremos a uma conclusão não muito distante de algo como o "quanto estamos dispostos a pagar para ter os benefícios advindos de um determinado produto ou serviço". Na verdade, o produto em si – ou *per se* como gostam os acadêmicos mais eruditos – não tem valor algum, somos nós que definimos o seu valor de acordo com os benefícios nele percebidos. Assim, mais valor ele terá quanto maior for o resultado da subtração dos benefícios nele contidos, menos o custo necessário para usufruir desses benefícios. Repare no exemplo relatado a seguir.

Há alguns anos, já atuando como executivo de marketing no segmento financeiro, fui convidado, por uma universidade do interior do Rio Grande do Sul, para proferir uma palestra sobre Marketing de Serviços, especialmente sobre produtos populares de crédito. Nessa época, a "bola da vez" era a proliferação dos créditos pessoais com aprovações rápidas – quase instantâneas – voltados para uma categoria de clientes em busca de empréstimos fáceis e sem maiores burocracias, geralmente utilizados para suprir uma necessidade financeira mais premente, decorrente do descompasso no fluxo de entrada e saída de recursos no orçamento pessoal.

Feita a minha exposição, abri espaço para uma rodada de perguntas, enquanto observava atentamente uma platéia de quase trezentas pessoas, na maioria jovens universitários de cursos de administração, economia, comunicação ou outros afins.

Enquanto bebia vagarosamente um copo d'água mineral, refazendo-me do desgaste expositivo de quase duas horas sob um calor de trinta graus, escutei um primeiro questionamento, feito por um garoto de fala fluente, incisiva e destemida:

– *Boa noite, meu nome é Lucas, tenho 22 anos, estudo Administração, 8º semestre. Pergunto: você é diretor de marketing de uma instituição financeira que, entre seus produtos, possui esse tal "crédito rápido, dinheiro na hora". Eu quero dizer que acho um absurdo os juros cobrados por um empréstimo nessas condições. Só para dar uma idéia a você* – continuava Lucas em um contundente discurso juvenil – , *eu sou cliente de um banco em que tenho caderneta de poupança e conta corrente há quase quatro anos, e se quiser fazer um empréstimo, consigo um juro pela metade desses que vocês cobram. Como você, mercadologicamente, explica isso?*

Um auditório silencioso e perplexo ficou na expectativa da minha resposta. Surpreendido, eu não esperava, como primeira pergunta, tamanha contundência verbal. Tampouco entendia adequado ao momento enveredar para uma digressão técnica de como é composta uma taxa de juros, as variáveis tangíveis e intangíveis que envolvem esse processo, ou mesmo mencionar o impacto que os níveis de inadimplência poderiam gerar em operações desse perfil, haja vista a natureza econômico-financeira momentânea do segmento de consumidores desse tipo de produto.

Respirei fundo e, enquanto escutava a respiração da platéia, expectante pela minha resposta, disparei:

– *Boa noite, Lucas, prazer em ter você aqui e obrigado pelo seu questionamento. Pergunto: você tem mãe?*

Pronto! Paralisação geral na platéia. O que acontecerá? Agora ele vai "mandar a mãe do cara 'praquele' lugar", provavelmente imaginavam aqueles que me fitavam, apreensivos, com imensos "olhos de Juliana Paes".

– *Tenho, por quê?* – retrucou um Lucas impositivo e desafiante.

Então, calmamente, já refeito da argüição do jovem,

continuei:

– *Ótimo! Uma outra pergunta: a sua mãe costuma ir ao supermercado fazer "rancho"?* (em tempo: a expressão "rancho", no Rio Grande do Sul, serve também para caracterizar aquelas compras mensais rotineiras em supermercados).

A essa altura, já sentia um Lucas mais amistoso, cordato e disposto a interagir civilizadamente comigo.

– *Sim! Todo início de mês ela compra os produtos básicos de sempre, além de renovar o estoque de cervejas e refrigerantes, por exemplo. Sabe como é, sempre tem festinha lá em casa e pode faltar comida, mas uma gelada nunca.* – relatava Lucas, com ar descolado e autossuficiente, próprio de jovens bem-nascidos e ainda retardatários no amadurecimento pessoal.

– *Legal, Lucas, deixe-me então procurar responder à sua pergunta, montando uma pequena história. Imagine comigo um possível processo de tomada de decisão de compra da sua mãe quando realiza o rancho. Por ser uma compra rotineira, esta é, quase sempre, uma ação planejada, sem açodamentos e com critérios analíticos bem definidos. Em geral, a cada preparação de compra ela tem tempo para fazer uma pesquisa preliminar de preços em supermercados concorrentes e, posteriormente, fazer a opção de escolha naquele estabelecimento que melhor lhe convier. Se fizermos uma relação com a sua tomada de decisão para uma possível escolha de crédito, em que você tenha tempo para verificar as opções disponíveis, avaliá-las e proceder à sua escolha, veremos que o contexto, grosso modo, é muito parecido com o processo de decisão de um ato de fazer rancho em supermercado. Isto é, você tem tempo, não precisa do empréstimo para aquele momento e, planejadamente, vai definir a melhor opção. Por outro lado, se você tem relacionamento com um determinado banco, ele estará fazendo uma análise contínua de você, ponderando as suas variáveis comportamentais nessa relação, seu risco de inadimplência, grau de reciprocidade comercial e, assim, tendo condições diferenciadas para propor soluções mais customizadas ao seu perfil de cliente. E se você tiver um "cred score" situacional e comportamental positivo, muito provavelmente você vai ter a possibilidade de obter um empréstimo com taxas de juros mais reduzidas do que um outro cliente sobre o qual o banco não tenha condições de ponderar as variáveis mencionadas. Enfim, em nível de ilustração prática, o processo de compra do tipo "rancho" seria o equivalente ao seu processo de tomada de crédito. Estamos de acordo?*

Lucas, que me olhava fixamente durante toda essa explanação, fez um movimento de concordância com a cabeça, reação que tomei como sinal verde para seguir em frente na minha resposta à sua indagação.

– Bem, Lucas, agora vamos imaginar o seguinte: digamos que você esteja em casa em uma sexta-feira, à noite, sem saber ainda a que "balada" ir. São dez horas da noite e, de surpresa, chega à sua casa um grupo de amigos e amigas para convidá-lo a ir a uma festa que, segundo todos, vai "bombar" naquela noite. Porém, a balada começa a esquentar mesmo depois da meia-noite. Como faltam duas

horas para esse ápice, você convida todos a sentar, tomar umas cervejinhas que, imediatamente, vai buscar no refrigerador. Todos ficam felizes com a sua hospitalidade, aceitam o convite e o aguardam com as esperadas "loiras geladas". Você chega à cozinha, abre a geladeira, olha para dentro e nada; abre o freezer e também nada! Bate o desespero e pensa: "Que vergonha! Convido-os para beber e não tenho sequer uma gota de cerveja para oferecer". Imediatamente, a solução mais rápida lhe vem à cabeça: você volta à sala, pede aos amigos cinco minutos, vai à garagem, pega o seu carro e, no primeiro posto de gasolina que encontra com uma loja de conveniência conjunta, pára o carro, desce e corre diretamente ao local onde estão alocadas as cervejas geladas para venda de consumo instantâneo. Pega todas as disponíveis, passa no caixa, paga o preço que for e volta para casa correndo para continuar recebendo os amigos. Processo de compra finalizado, todos bebem e você, feliz pela solução e seus desdobramentos, nem se lembra de quanto seria mais barato se as cervejas tivessem sido adquiridas em um supermercado tradicional, quem sabe até o mesmo onde a sua mãe faz o rancho.

– Lucas, finalizando a minha resposta, em outras palavras, esse seu possível processo de solução de compra seria, contrariamente ao planejamento do rancho, grosso modo, o mesmo que norteia o processo de compra de um crédito pessoal instantâneo, ou o crédito rápido sem burocracias, como comumente é interpretado esse produto financeiro pelo consumidor.

Na verdade, a pergunta do Lucas me propiciou construir um exemplo hipotético para espelhar a variabilidade do conceito de valor dentro de um mesmo universo de produtos. Aparentemente, o crédito pessoal é igual em qualquer circunstância. Porém, na prática cotidiana da percepção do consumidor, a quantificação de valor é mercurial, ou seja, tal qual o líquido rubi de um termômetro, dependendo da situação, um produto pode ser "quente" para um e, ao mesmo tempo, "frio" para outro.

No caso do Lucas, que não experimentava sobressaltos orçamentários pessoais, o crédito equivaleria à utilização de aquisição de um sonho, como um carro novo, uma moto nova ou outro produto/serviço que fosse por ele aspirado no seu imaginário de consumidor. Algo pensado e planejado. Nesse caso, a variável preço poderia ter uma preponderância no conjunto de considerações para a escolha.

Porém, se a situação fosse com outra pessoa que, por uma necessidade premente qualquer da vida, estivesse precisando de uma solução financeira imediata, sem perda de tempo, como que resolvendo um determinado pesadelo que a atormentasse, os critérios de quantificação de valor teriam outros atributos. Assim, muito provavelmente, a variável preço teria menor peso ponderado do que, por exemplo, os ganhos de rapidez, imediatismo ou facilidade de obtenção de recursos.

Resgatando: o produto em si não tem valor; somos nós que definimos a sua quantificação de acordo com os benefícios que nele percebemos.

Em uma negociação, "gerar valor" é uma tarefa que exige um foco total no interlocutor. De nada adianta achar que temos diferenciais suficientes para construir esta realidade se, na contrapartida, ele não percebe assim. No processo de vendas, por exemplo, podemos definir dois grandes vetores de percepção de valor pelo interlocutor dentro de um processo de relacionamento comercial: o primeiro refere-se ao valor percebido no profissional de vendas; o segundo ao valor percebido na utilização, seja ela do produto ou do serviço objeto da negociação. Embora aplicados no ambiente de vendas, por analogia, esses vetores também se enquadram plenamente em qualquer outro processo de negociação.

A percepção do cliente sobre o valor do profissional de vendas pode ser entendida pela classificação identificada por Neil Rackham como os "cinco perfis da força de vendas"[7], segundo valorização sob a ótica do cliente. Inseri a essa estratificação uma escala hipotética, de valoração crescente, da posição 1 para a posição 5.

A posição 1 representa um valor negativo na percepção do cliente. Rackham a denominou *vendedor folheto multimídia*, uma espécie de profissional centrado exclusivamente em reproduzir características de produtos ou serviços, como se fosse um folheto falante. Concordo plenamente: acesso à informação, nos dias de hoje, é o que o cliente mais tem. Basta um clique no *Google* ou outro *site* de buscas para acessar o que quiser, na hora que melhor lhe convier, diretamente do local onde estiver. O profissional restrito à repetição da informação não agrega valor e,

---

7. N. Rackham; J. Vincentis. *Rethinking the sales force.*

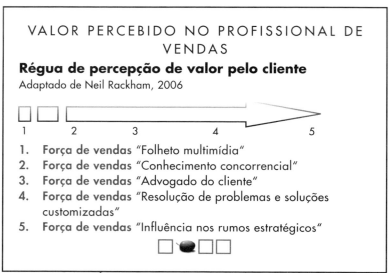

ao contrário, desperta impaciência do interlocutor.

A posição 2 já apresenta alguma percepção de valor agregado. Indica um vendedor com informações oportunas sobre o mercado e os concorrentes, bem como apto a antecipar tendências de desdobramentos e acontecimentos futuros.

O indicador de posição 3 mostra o vendedor sendo percebido pelo cliente como o *seu advogado na empresa* ou na instituição que representa. É uma percepção de reciprocidade, de apoio e, sobretudo, de plena confiança entre o vendedor e o cliente.

Na posição 4 o vendedor passa ao cliente a idéia de ser *um exímio solucionador de problemas*. Com invulgar capacidade de gerar soluções personalizadas, sempre procura ajustá-las às necessidades expressas por cada cliente.

E, finalmente, chegamos à posição 5. Esta é a etapa

superior na percepção de valor pelo cliente. Um vendedor visto nessa posição é tido como alguém que tem, no relacionamento com o cliente, uma qualificação técnica superior e grande credibilidade pessoal, *capazes de influenciar nas posições estratégicas* desse cliente. Como fruto de uma força moral e imagem profissional, o vendedor está em condições de influir e, até mesmo, modificar o pensamento do cliente acerca de um produto, de uma solução ou de uma situação específica.

Cabe salientar aqui que esta régua de percepções é um *continuum*, em que posições posteriores são atingidas à medida que as anteriores vão sendo ultrapassadas. Assim, exemplificando, um vendedor para ser enxergado na posição 4, necessariamente, já deve ter sido percebido como um vendedor nas posições 2 e 3. E, obviamente, jamais ter

---

VALOR PERCEBIDO NA UTILIZAÇÃO DE PRODUTO OU SERVIÇO

Tipos de valor na decisão de compra:
Valor específico
"Eu desejo um sanduíche simples e barato."
Valor ampliado
"Eu desejo um sanduíche maior e mais saboroso."
Valor estratégico
"Eu desejo um sanduíche que esteja de acordo com as calorias possíveis à minha dieta."

passado a idéia de ser um vendedor posição 1.

Neil Rackham, quando aborda a questão "valor ao cliente", parte da equação (*valor* = *benefícios* – *custos*) para enumerar três tipos de compradores: (1) os compradores de valor intrínseco, cujo objetivo da compra restringe-se ao ato estrito de satisfazer necessidades específicas e pontuais, com forte apelo motivacional quantitativo; (2) os compradores de valor extrínseco, em que o espectro de atributos colocados no conjunto de consideração à decisão de compra é mais abrangente, com apelos motivacionais mais qualitativos; e (3) os compradores de valor estratégico, ou seja, aqueles que consideram o caráter integrado da solução, tendo como foco um objetivo mais holístico dentro de um contexto de compra.[8]

Ancorado nessa estratificação, pode-se simplificar a definição de valor de compra ao consumidor, sob três percepções de aquisição: (1) *valor específico, (2) valor ampliado e (3) valor estratégico*. No caso do *valor específico*, em geral os compradores conhecem bem o produto e seus substitutos, sendo muito sensíveis à variável preço e pouco afeitos à recorrência de maiores explicações do vendedor, tratando-os como *commodities*. No *valor ampliado*, o foco volta-se mais sobre o modo do produto/serviço ser usado. Cresce o interesse pelas soluções e aplicações, a ajuda do vendedor ganha maior relevância, especialmente no desejo de orientações ou conselhos aplicativos sobre o usufruto do produto ou serviço. Por último, temos o *valor estratégico*,

---

8. N. Rackham; J. Vincentis. *Op. cit.*

em que o comprador se mostra aberto a mudanças radicais em favor da obtenção de melhores resultados. Dá muita relevância às competências do vendedor ou empresa fornecedora, quase sempre desenvolvendo com estes relações mais profundas e de longo prazo.

Exemplificando em frases típicas de cada perfil de comprador, poderíamos dizer que o comprador de *valor específico* teria como referência a expressão "eu quero comprar um sanduíche simples e barato"; já o comprador de *valor ampliado* diria algo como "eu desejo um sanduíche maior e mais saboroso"; enquanto o comprador de *valor estratégico* expressaria "eu imagino comprar um sanduíche que esteja de acordo com as calorias possíveis à minha dieta".

A capacidade de detectar corretamente o perfil de valor atribuído pelo comprador possibilitará ao vendedor estabelecer vínculos operacionais entre modelos de ven-

---

RELAÇÃO ENTRE MODELOS DE VENDA E GERAÇÃO DE VALOR

Modelo transacional ➡ **Valor específico**
Conveniência/Custo/Disponibilidade/Acessibilidade

Modelo relacional ➡ **Valor ampliado**
Resolução de problemas/Customização/Venda consultiva

Modelo institucional ➡ **Valor estratégico**
Mudança no processo do negócio/Aproveitamento pleno dos recursos empresariais/Parcerias comerciais

---

O tripé da diferenciação

da e geração de valor.

Modelo transacional

No *Modelo transacional* temos um processo no qual o valor é criado pela redução de custos e pela simplicidade na obtenção de produtos ou serviços. Um bom exemplo deste modelo é o das compras *on line*, em que os consumidores têm plena clareza do que pretendem, privilegiando a velocidade de execução e a facilidade operacional para efetuar a compra.

Modelo relacional

O *Modelo relacional* é aquele cujo valor é criado pela assessoria oferecida pelo vendedor. A plena identificação e a análise de problemas, com o intuito de proporcionar soluções customizadas ao comprador, tornam-se fundamentais à sua execução. A venda consultiva é um espelho bem apropriado à exemplificação prática deste modelo, tendo no envolvimento criado entre as partes um dos fundamentos mais importantes à sua execução.

Modelo institucional

O *Modelo institucional* é decorrente do valor obtido a partir de habilidades institucionais (pessoais ou empresariais) que transcendem o produto ou serviço. As parcerias comerciais e as consultorias estratégicas, advindas da relação criada entre o fornecedor e o comprador, constituem-se em exemplos clássicos de relações sob este perfil de modelo de vendas.

Entendendo a importância da geração e percepção

de valor pelo interlocutor, fica mais fácil ao negociador mover-se de forma estratégica. E isso, sem dúvida, pode fazer muita diferença nos desdobramentos das demais etapas da negociação.

Influência

O desfecho de uma negociação, seja ela comercial ou não, em grande parte das vezes, ultrapassa o estrito fato de abordagens objetivas, racionais ou ancoradas estritamente em fatos tangíveis. Em geral, os grandes negociadores são extremamente hábeis na utilização de um fator preponderante no sucesso dos processos decisórios: refiro-me à capacidade de influenciar pessoas.

A *influência* é resultado de atitudes ou comportamentos que moldam a percepção acerca de alguém. Costumo dizer que, em negociação, existem dois tipos de *influência*: as *inerentes* e as *conquistadas*. No grupo das *inerentes*, coloco as que são fruto de atributos atrelados a alguma

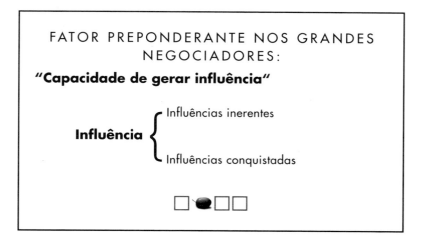

condição pessoal, social, econômica ou política exercida em determinada situação. Por exemplo, as posições hierárquicas em uma empresa implicam *influência* daqueles que ocupam cargos superiores sobre os inferiores; ou o respeito e admiração, advindos pela experiência da idade, ou seja, os mais velhos influindo nos mais jovens; ou ainda as diferenças de sexo, de cultura ou pressões momentâneas fruto de situações específicas.

No caso das *influências conquistadas*, faço uso dos princípios da influência desenvolvidos por Robert Cialdini, Ph.D em psicologia e autor de um grande *best-seller*, traduzido para o português, em 2006, com o título *O poder da persuasão*[9]. O professor Cialdini sustenta que existem seis princípios da influência, cujos componentes menciono para exemplificar como é possível conquistar a *influência*

PRINCÍPIOS BÁSICOS DE INFLUÊNCIA EM NEGOCIAÇÕES
Adaptado de Robert Cialdini, 2006

1. Reciprocidade
Obrigação, favor, concessão
"pessoas que ganham algo tendem a buscar oportunidades para retribuir"

2. Escassez
Informação, exclusividade, urgência
"pessoas tendem a valorizar aquilo que não podem ter"

3. Autoridade
Conhecimento, confiabilidade, credibilidade
"pessoas tendem a seguir os especialistas"

---

9. R. Cialdini. *O poder da persuasão.*

A AZEITONA DA EMPADA

em um processo de negociação.

Reciprocidade

A *reciprocidade* pode ser considerada o princípio mais universal, em todas as culturas e para todos os comportamentos. A regra é simples: quem ganha alguma coisa, normalmente fica mais propenso a querer retribuir. Assim é a lei natural do relacionamento humano: quem recebe uma ajuda, concessão ou simples percepção de valor agregado, específico e customizado, fica possuído pelo sentimento de retribuir a distinção recebida, sob as mais diversas circunstâncias. Logo, é importante, ao planejar uma entrevista de vendas, que o negociador tenha sempre um espaço dedicado a fazer concessões para gerar sentimento de boa vontade e reciprocidade no interlocutor.

Escassez

A *escassez* é o segundo princípio. Também é resultado de uma máxima do comportamento humano: as pessoas tendem a valorizar aquilo que não podem ter. Por exemplo, uma informação privilegiada pode ser um bom valor agregado a ser utilizado pelo negociador para gerar influência. A possibilidade de obtenção de exclusividade é outra forma de apresentar a *escassez* a serviço da influência. O risco por falta, igualmente, é uma manifestação de *escassez* capaz de provocar tendências decisórias mais rápidas e positivas. Todavia, o uso desse expediente deve estar atrelado sempre à realidade da informação. Caso contrário, a *escassez* produzida tão-somente para pressionar ou acelerar uma decisão, pode causar efeitos devastadores de perda de confiabilidade, influindo negativamente no ambiente da negociação.

Importante também salientar a intensidade da "sensação de perda", assumindo muito maior influência do que a "sensação de ganho". Explico: as pessoas tendem a se ligar mais naquilo que vão perder do que no que vão ganhar, isto é, dependendo da dimensão psicológica, a idéia de perda prevalece sobre a idéia de ganho. Faça um teste com você mesmo: pegue, por exemplo, a sua conta de telefone celular. Agora, imagine uma promoção desenvolvida pela sua operadora de telefonia. O que mais motivaria você a optar pela promoção: uma chamada de ganho do tipo "contrate o novo plano A e economize R$ 100 todo mês", ou uma chamada de perda, do tipo "contrate o plano A e deixe de perder R$ 100 todo mês". Não quero ser adivinho, mas sou capaz de apostar com você que a segunda chamada lhe causaria mais impacto à decisão de compra. Experimente utilizar essa abordagem em suas negociações. Você vai se surpreender com os resultados.

Autoridade

A *autoridade* é o terceiro princípio enumerado por Robert Cialdini. Ela se fundamenta no comportamento das pessoas em procurarem a orientação de especialistas (*experts*) em determinadas áreas, assuntos, produtos ou serviços. Vamos supor que você deseja comprar um carro usado e está em dúvida sobre o estado do motor do veículo. A quem você recorreria? Ao seu dentista de muitos anos ou ao mecânico que um amigo seu recomendou? Veja bem: embora o dentista tenha com você uma relação de longo prazo, tecnicamente você não percebe nele autoridade para avaliar a qualidade do motor. O que você faria? Baseado na autoridade moral que o seu amigo tem com você, a tendência é o mecânico, recomendado por ele, tornar-se a fonte principal para ajudá-lo a definir a compra. Assim, o fato de ser um especialista reconhecido na área faz do mecânico alguém com influência suficiente para auxiliá-lo no processo decisório. Recomendo que todo negociador construa a sua imagem, buscando ter sempre em mente quais diferenciais de conhecimento pessoal são capazes de fomentar a sua autoridade e nelas busque respaldo para gerar influência e ampliar a sua força no contexto da negociação.

O conhecimento, porém, é apenas um dos vértices da autoridade. Com o intuito de chegarmos a um grau máximo de convencimento da outra parte, é imprescindível transmitir confiabilidade. Na realidade, a influência é um caminho para a conquista da confiança. Este atributo, a confiança, é tão importante no ambiente de vendas – ou em qualquer outro tipo de negociação – que no decorrer deste livro-palestra faremos uma análise mais acurada sobre esse elemento decisivo à conquista e lealdade dos clientes.

Uma das formas de conquistar autoridade em uma relação comercial – ou negociação em geral – é a demonstração de sinceridade de argumentação e transparência comportamental. Refiro-me à demonstração no sentido específico da palavra, isto é, não basta termos a consciência pessoal de estar sendo sinceros e transparentes. É preciso que o interlocutor perceba isso em nossas atitudes e expressões.

Nesse sentido, o professor Cialdini cita que uma boa estratégia para demonstrar esta condição é utilizar o formato "negativo antes, positivo depois"[10]. Ele sugere que o negociador, antes de apresentar os pontos fortes do seu produto ou serviço, introduza alguns pontos negativos do mesmo produto ou serviço. Por exemplo, abordando um atributo específico que possa ser importante ao interlocutor, mas inexistente no produto que esteja comercializando, ele poderia construir o seguinte formato: ... *gostaria de esclarecer que o nosso produto não executa este tipo de serviço, mas esta desvantagem é plenamente compensada na medida em que, com o nosso produto, o senhor terá...* Observe bem que a prática se traduz na explicitação preliminar da desvantagem para, após a inclusão da conjunção adversativa "mas", apresentar-se toda a gama de vantagens e benefícios que minimizarão a percepção

---

PRINCÍPIOS BÁSICOS DE INFLUÊNCIA EM NEGOCIAÇÕES
Adaptado de Robert Cialdini, 2006

4. Consistência
Compromisso, atitude, crescimento
"pessoas tendem a cumprir aquilo com que se comprometem"

5. Consenso
Validação social, adesão, evidência
"pessoas tendem a buscar na chancela coletiva razões à determinada escolha"

6. Afinidade
Semelhança, elogio, cooperação
"as pessoas tendem a gostar mais de quem se parece com elas"

---

10. R. Cialdini. *Op. cit.*

dos pontos fracos. E mais: ao admitir pontos negativos, o negociador vê valorizada pelo interlocutor a sua sinceridade e transparência, fato que, inexoravelmente, vai gerar muito mais confiabilidade à exposição.

Consistência

O quarto princípio da influência é a *consistência*. Talvez, ele pudesse ser mais bem traduzido por *capacidade de gerar compromisso*. A essência está na força que afirmações, concordâncias e compromissos, públicos ou formalmente registrados, produzem na efetivação de acordos. As pessoas tendem a cumprir com muito mais intensidade aquilo com que se comprometem de forma pública ou formal. Logo, sempre que um negociador conseguir fazer o interlocutor registrar seus compromissos assumidos, bem como estabelecer circunstâncias para eles serem públicos ou testemunhados, desfrutará de melhor espaço e condições favoráveis para atingir os seus objetivos.

Pare para pensar: vamos supor que você tenha sido convidado para duas festas que ocorrem no mesmo dia e horário. Infelizmente, você não possui o dom da onipresença e precisará escolher entre uma das duas. Porém, em uma delas, no convite recebido preliminarmente, havia um *R.S.V.P.* e você já confirmou a sua presença com antecedência de dez dias. Pergunto, em qual das festas você iria? Naquela em que confirmou previamente a presença ou na outra? Novamente, não quero ter a presunção da antevisão das suas atitudes, afinal, ainda não tive o prazer de conhecer você. Porém, novamente, sou capaz de apostar que, em 80% das vezes que isso viesse a acontecer, a sua escolha seria comparecer à festa em que houve a confirmação prévia de presença. O porquê? É simples: você teria assumido um compromisso – se não público, pelo menos formal e registrado. E, sem dúvida, essa atitude teria um forte apelo emocional na sua decisão.

Consenso

O quinto princípio é o *consenso*. O seu foco está alicerçado na influência que a chancela coletiva pode gerar em uma determinada escolha. Explicando melhor, seria a sensação de aprovação que um produto ou serviço teriam se, expressamente, houvesse manifestação de aceitação e aderência de públicos específicos. Deixe-me, novamente, recorrer a um exemplo: suponhamos que você esteja disposto a viajar por uma semana com a(o) sua(seu) namorada(o) ou esposa(o) para um local romântico, onde os momentos de amor intenso e as condições para desfrutar os prazeres naturais da vida sejam as únicas coisas que lhe fazem sentido à escolha. Todavia, você ainda não tem definido o local para esse momento mágico. Digamos que você vá buscar informações com os seus amigos mais próximos, colegas de trabalho com mais afinidade, ou mesmo, faça uma rápida pesquisa entre pessoas cujas opiniões sejam relevantes para você. Ao fazer essa investigação, se houver uma uniformidade de recomendação, por exemplo, da ilha de Fernando de

Noronha como o local ideal para esse perfil de viagem, mesmo que uma ou outra pessoa possa indicar-lhe Nova Iorque, de novo sou capaz de apostar na resposta. Apesar de Nova Iorque ser uma cidade fantástica e maravilhosa, a sua escolha provavelmente recairá em Fernando de Noronha. Afinal, nessa semana, você não deseja programas culturais, gastronomias, compras ou opções de lazer típicos da capital do mundo; você deseja sol, praia, paz, amor, sexo e *rock and roll;* não necessariamente nessa mesma ordem. Logo, o consenso das pessoas consultadas estaria influenciando a sua decisão por Fernando de Noronha.

Outro exemplo: digamos que você seja uma pessoa que goste de almoçar em restaurantes todos os domingos. Imaginemos, também, que você goste de variar de local a cada semana. Um amigo seu, outro dia, lhe recomendou dois lugares diferentes, dos quais você nunca ouviu falar. Em um determinado domingo você pega seu carro e decide ir almoçar em um desses locais. Por acaso, eles ficam próximos um do outro e, assim, fica viável para você dar uma passada rápida pela frente dos dois locais para extrair uma primeira impressão. No primeiro restaurante, há pouco movimento, quase ninguém almoçando naquela hora; o outro, ao contrário, está cheio e, inclusive, evidencia-se um pequeno contingente de espera. Qual seria a sua decisão? Bem, se você não estiver apressado em função de uma necessidade de urgência maior, diria que a sua decisão, naturalmente, recairia no restaurante onde, aparentemente, há maior aderência de público. No caso, a afluência superior representaria certo "consenso" na chancela à qualidade do restaurante.

Afinidade

Finalizando os seis princípios da influência, temos o princípio da *afinidade*. A base que o sustenta é a tendência de as pessoas gostarem mais de outras que se pareçam com elas. Essa semelhança pode se dar em diversos níveis, sejam eles culturais, sociais ou comportamentais. Em nível de negociação, pode-se admitir como verdadeiro que as pessoas preferem dizer "sim" àquelas que conhecem, gostam ou admiram. Por isso, considero fundamental que, antes de iniciar as etapas práticas de conversações, o negociador procure descobrir se existe alguma afinidade pessoal entre ele e o interlocutor. Uma vez encontrada essa identidade, ela precisa ser abordada e externada no

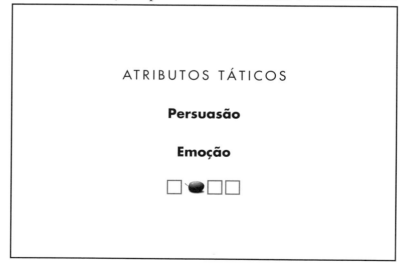

sentido de proporcionar um clima agradável, amistoso e

empático durante todo o processo da negociação.

DIFERENCIAÇÃO TÁTICA

Persuasão

Negociar bem implica conhecer um dos fatores que mais influenciam no comportamento e nas atitudes de um interlocutor: a *capacidade de persuasão* apresentada pelo negociador. Potencializar esse atributo exige do negociador saber distinguir os três elementos teóricos que o sustentam: a retórica, a argumentação e a sedução.

A *retórica* é a faculdade que o negociador deve ter de considerar, para cada caso ou situação, qual o estilo comportamental e os recursos de linguagem mais convincentes para o interlocutor. A habilidade da *empatia*, abordada na *diferenciação pessoal*, é importantíssima

---

POTENCIALIZANDO A PERSUASÃO

1. Retórica
Forma de expressão adequada a cada público/Empatia
2. Argumentação
Conteúdo/Poder de análise e síntese situacionais
Saber ouvir/Escutar ativamente/**Perguntar**
Foco nos objetivos a serem alcançados/Acordos/Concessões
3. Sedução
Emoção/Capacidade de gerar **envolvimento**/Desejo/Adesão

O tripé da diferenciação

na composição retórica de uma abordagem de vendas. O uso de linguagens não-verbais, o estilo, a postura e, especialmente, o carisma pessoal forjam o arcabouço de ferramentas a serem utilizadas na esgrima expositiva com o interlocutor, objetivando provocar ou aumentar adesão aos argumentos apresentados.

A *argumentação* é a parte racional da persuasão. Ela compreende todo o conteúdo e o arsenal de razões, vantagens e benefícios que o negociador dispõe para apresentar ao interlocutor. A plena utilização desse elemento persuasivo pressupõe o uso de habilidades como percepção e ouvir ativamente, condições necessárias para obtenção dos resultados desejados.

A *sedução* completa o trio de elementos. Ela nasce dos efeitos da retórica que, adicionados ao conteúdo argumentativo, produzem sentimentos de envolvimento e prazer no interlocutor. É responsável pelo despertar do desejo e, principalmente, potencializa os efeitos do fator emoção no universo persuasivo da negociação.

Compreender os elementos presentes na persuasão – a *retórica*, a *argumentação* e a *sedução* – e, principalmente, saber utilizá-los de forma integrada e apropriada, consistem em um grande desafio ao negociador que busca excelência profissional. Particularmente, considero a persuasão uma das grandes essências do sucesso em vendas. Desde o meu ingresso na atividade comercial, sempre fui um aficionado pelo tema e o inseri entre meus grandes objetivos de desenvolvimento pessoal como vendedor. O fato de ser gago, desde pequeno, forçou-me a ler mais que os meninos da minha idade, pois fazia de sinônimos e antônimos uma munição sempre presente para substituir as palavras com as quais sentia dificuldade. Como penso que tudo na vida sempre tem dois lados, o positivo nesse caso era a minha diferenciação de vocabulário, significativamente mais denso que o dos outros garotos da minha faixa etária. Ainda pelo lado positivo, o gosto pela leitura me propiciou mais facilidade na arquitetura argumentativa que, apoiada por inúmeros treinamentos retóricos e interpretativos – desde cursos de oratória, de teatro, de locução em rádio, até o *sui generis* curso de "capacitação à apresentação de telejornais" – e o cultivo da emoção atávica da minha personalidade, moldaram-me um estilo expositivo peculiar, mais intenso e enfático, sempre permeado por nuanças flexíveis e adaptáveis a cada situação, público ou contingência.

Expus este breve histórico pessoal acerca da importância da persuasão não para me regozijar de uma suposta capacidade invulgar de convencer e influenciar pessoas. Ao contrário, honestamente ainda penso ter um caminho muito longo até a excelência como negociador. Talvez, até interminável, pois conhecimento é uma estrada sem volta, cheia de curvas e destino infinito, onde, ao longo do percurso, erramos rotas, aumentamos ou reduzimos distâncias, driblamos obstáculos e, aprendendo o tempo todo, seguimos desvendando horizontes, incorporando experiências e, a cada dia, desenvolvendo a consciência de estar um pouco melhor do que ontem e, certamente, bem pior do que amanhã.

Fiz esses pequenos resgates situacionais para explicitar que persuasão, muito além de um dom pessoal, é um processo de aprendizado contínuo. Ou seja, a persuasão pode ser adquirida, desenvolvida e aprimorada. Você pode até ter maior aptidão para exercer a persuasão. Mas, somente o treinamento prático permanente e o aprofundamento

teórico constante dos fundamentos da persuasão poderão torná-lo um negociador competente e diferenciado na arte de influenciar e conquistar pessoas.

Emoção

Outro importante atributo da *diferenciação tática* é a relevância a ser dada ao fator *emoção* na condução de negociações. Em muitas situações, os sentimentos que envolvem uma entrevista de vendas podem ser mais intensos e determinantes do que as palavras ou conteúdos expressados.

A *emoção*, mais do que colorir a retórica discursiva em uma negociação, possui aspectos intangíveis que muitas vezes a tornam o diferencial único a contornar conversas difíceis, estabelecer sintonia com o interlocutor e inserir no contexto da argumentação uma ambiência de envolvimento e sedução para facilitar o exercício da influência, elemento complementar na concepção da postura estratégica à negociação.

O saber lidar com as emoções – pessoais e de terceiros – é uma prerrogativa fundamental ao negociador mo-

> **PROCEDIMENTOS BÁSICOS QUE O NEGOCIADOR DEVE OBSERVAR PARA LIDAR COM AS EMOÇÕES:**
>
> - Reconhecer e compreender as emoções presentes no contexto da negociação
> - Explicitar as emoções e reconhecer sua legitimidade
> - Permitir o desabafo do interlocutor
> - Evitar reações às explosões emocionais
> - Utilizar gestos generosos
> - Enfrentar o problema, nunca as pessoas
>
>

derno. Elenco alguns procedimentos que podem auxiliá-lo a administrar melhor esse atributo estratégico na construção da sua diferença.

Reconhecer e compreender as emoções presentes no contexto da negociação é o primeiro passo para extrair o máximo proveito do fator *emoção*. Ao iniciar um processo de negociação, é normal que existam, em ambos os lados, sentimentos de medo, nervosismo, tensão, preocupação, insegurança, paixão ou outro componente emocional passível de impactar o desenrolar das conversações. A aceitação da ocorrência dessas situações ajuda muito o negociador a montar a melhor estratégia de argumentação de vendas.

Uma das boas formas de abordar esses sentimentos é *explicitar as emoções e reconhecer a sua legitimidade*, conversando sobre elas com a outra parte, não as escondendo e, ao contrário, tratando-as de forma natural e humana, dando oportunidade à liberação de emoções não exprimidas. Isso contribui para a maior fluência no trato das questões presentes em uma negociação.

Ao abordar esta necessidade de explicitar as emoções e reconhecer a sua legitimidade, recordo-me de uma experiência que vivenciei há alguns anos. Convidado por empresários uruguaios, com quem mantinha relação comercial, fui acompanhá-los em visita a uma empresa japonesa com o intuito de ajudá-los em um processo de negociação. Ainda durante a viagem, enquanto esperávamos uma conexão no aeroporto de Ezeiza, em Buenos Aires, recebi deles uma amável solicitação para que tivesse cuidado na utilização das mãos ao argumentar com os japoneses. Ocorre que, em função de ser gago, recorro permanentemente ao uso da gesticulação como um elemento importante para me "destravar" e, dessa forma, dar mais fluência à minha fala. Assim, incorporei ao meu estilo pessoal, além de uma fala entoada e permeada por pausas estratégicas, um gestual largo, intenso e, não raras vezes, efusivo e enérgico. O falar enfático e gesticulado poderia soar agressivo à cultura japonesa, pois a fala monocórdia e a quase ausência de linguagem não-verbal são uma constante no estilo oriental de se comunicar. Um pouco desconfortável com a colocação, respondi aos amigos latinos que seria difícil evitar eventuais excessos, mas lhes garanti esforço para adequar-me aos padrões dos nossos interlocutores.

Chegando à reunião fui logo sendo apresentado aos presentes e, como já havia me condicionado, externei um leve sorriso seguido de um respeitoso e comedido inclinar de tórax, bem de acordo com o "figurino" previamente exposto pelos amigos que acompanhava. Passadas as formalidades das apresentações, fomos conduzidos à sala de reuniões, onde uma grande mesa oval nos esperava para o início das conversações.

Entrei na sala e logo fui procurando um lugar mais na ponta – uma característica que tenho, pois gosto de negociar em condições de olhar a todos nos olhos, observando as reações, as emoções e os comportamentos assumidos durante os diálogos. Ao sentar, usei um artifício para restringir meus movimentos de mão e braços: simplesmente, sentei em cima das minhas mãos – ou melhor, coloquei-as sob minhas pernas – mantendo os braços sempre próximos ao tronco. Utilizando o espanhol como a língua oficial do encontro, começamos a conversa. Um colega uruguaio, de fala pausada, educada e bem estruturada, foi fazendo a exposição da pauta e

O tripé da diferenciação 85

dos objetivos da reunião, sob o olhar atento e indistinto dos interlocutores japoneses. A reunião corria solta e eu, ainda quieto, observava tudo com atenção, procurando encontrar o momento certo para inserir-me na conversa. E veio o momento: educadamente, em voz contida e suave, engatei um *"con permiso"* e, disciplinadamente, iniciei a minha argumentação. *Bueno,* desculpando-me pelo espanhol dos mais chulos, digo: *"fue una mierda!"*. Em suma: se, em português, falar sem as mãos, em tom baixo e linear, já me é difícil, imagine em espanhol! Era uma "trancada" atrás de outra, tanto que, à certa altura, já começava a deixar os demais impressionados – e penalizados – com tanto esforço que fazia para construir as parcas frases que conseguiam romper-me os lábios e encontrar os tímpanos desconfiados dos orientais. Enquanto falava – ou tentava –, imaginava os interlocutores nipônicos sem conseguir entender direito o que estava acontecendo, procurando descobrir se esse jeito "batucado" de falar que eu apresentava seria uma característica peculiar do Brasil. Afinal, como somos conhecidos como *"A terra do samba"*, o imaginário é livre, não é mesmo?

A coisa ia de mal a pior: os meus amigos, perplexos, pois nunca me viram com tamanha dificuldade; os japoneses, atônitos, não entendendo por que eu insistia em fazer da boca um instrumento de percussão; e eu, já desolado, vendo que falando baixo, sem entonação e, especialmente, sem as mãos, a minha contribuição ao contexto da negociação seria próxima a nada.

Foi então que percebi o quanto é necessário saber reconhecer, compreender e, sobretudo, explicitar as emoções presentes em uma negociação, reconhecendo a sua legitimidade e, de forma clara, humilde e honesta, resolvi virar o jogo. Pedindo desculpas a todos, descolei as mãos, já suadas, das minhas pernas, elevei um pouco mais a voz, trazendo-a mais próxima do meu normal e, olhando firmemente nos olhos de cada japonês, fui explicando o porquê da instransponível dificuldade de falar sob aquelas condições. De pronto, nasceu uma outra pessoa. A voz insegura, pelo forte controle que eu lhe impusera, deu lugar à entonação costumeira e melódica. As mãos já soltas, como que construindo um imaginário descortinado, deixavam-me à vontade e as frases, antes incompletas, agora saíam fáceis, harmônicas e intensas. Expliquei aos atentos interlocutores que precisava dessas ferramentas heterodoxas de comunicação para poder me expressar de forma normal. Pedi-lhes, com um "por favor" vindo do fundo d'alma, que não interpretassem esse meu estilo como uma afronta à cultura; ao contrário, solicitei-lhes que compreendessem esse meu desabafo como uma forma de respeito e consideração aos seus ouvidos. Fui sincero e franco; fui autêntico e realista e, acima de tudo, fui inteiramente eu. Sem máscaras, sem vaidades e sem a vergonha de externar meus sentimentos e minhas dificuldades.

O resultado? Melhor impossível: pude "soltar o verbo" sem amarras e, assim, contribuir construtivamente ao desfecho positivo da negociação. Ao final, como um troféu a ser guardado para sempre na minha memória, recebi surpreendentes e afetuosos abraços de sorridentes japoneses, já totalmente adaptados à forma sangüínea de me expressar.

Um terceiro procedimento importante é conceder ao *interlocutor espaço para desabafar*, dando-lhe liberdade para exprimir-se, evitando cortes ou interrupções que fragmentem a sua exposição emocional. Dessa forma, ele libera os seus sentimentos com mais facilidade, evitando que, mais adiante, possam constituir-se em elementos prejudiciais à negociação. Alinhado ao procedimento de permitir o desabafo, o negociador deve *evitar fortes reações contrárias às eventuais explosões emocionais*. A razão é muito simples: se o negociador reage com igual intensidade, em sentido contrário ao interlocutor, é muito provável que o caminho da esgrima verbal desemboque em uma violenta discussão e isso, sem dúvida, será um grande obstáculo ao desfecho positivo das demais etapas da negociação. O ideal nesses casos é deixar o interlocutor falar, externar as suas insatisfações e, dentro do possível, intercalar com reações de valorização à sua manifestação para, posteriormente, tão logo pressentir sinais de esgotamento argumentativo do interlocutor, mantendo a calma e o controle, contornar a situação aplacando a insatisfação e procurando soluções aos motivos que geraram o sentimento exposto.

A *utilização de gestos generosos*, como fazer elogios, agradecer ou pedir desculpas por determinado erro cometido, é atitude que contribui para a geração de uma atmosfera de cordialidade e gratidão ao longo do contato pessoal. O uso desses gestos benevolentes, no entanto, deve ser sempre dotado de sinceridade. Caso contrário, eles passam uma idéia de adulação, o famoso e popular "puxa-saquismo", procedimento cada dia mais desprezível dentro de um processo moderno de negociação.

Ao referir o último procedimento elencado, vem à minha cabeça uma famosa frase proferida pelo legendário revolucionário argentino, de militância cubana, Che Guevara. Ele dizia que em situações de administração de conflitos pessoais *"hay que endurecer, pero sin perder la ternura"*. Em negociação, fazendo uma analogia metafórica com a frase do Che, defendo ser duro com o problema, porém brando com o interlocutor. Ou seja, *enfrentar os problemas e nunca as pessoas* passa a ser uma máxima para todo negociador que almeje conduzir, com sucesso, as suas entrevistas de vendas. Algo como o experiente e consagrado especialista em negociação William Ury traduz como o "não" positivo. Segundo ele, "para se obter um 'sim', muitas vezes, é preciso dizer vários 'nãos'". "A dificuldade – completa Ury – é a falta de habilidade para dizer o 'não'"[11].

Tal afirmativa é a mais absoluta verdade. No decorrer de nossa vida, não somos treinados ou orientados a dizer um "não" positivo. Em geral, o "não" traz consigo um tom repressivo, como um legado vindo da infância, quando crescemos sob a batuta do "não" a cercear as nossas mais tenras atitudes. Ao chegarmos à

---

11. W. Ury; R. Fischer. *Op. cit.*

idade adulta, esse *software* repressor precisa ser modificado, recebendo um *upgrade* na sua composição, com a introdução do "não" construtivo. E isso somente se faz possível quando separamos o fato, a situação ou o problema, das pessoas envolvidas no mesmo contexto, isto é, "para atacar um problema, não precisamos atacar as pessoas". William Ury menciona, ainda, que "saber falar um 'não' construtivo na hora certa proporciona ao negociador, além da autoconfiança, o respeito da parte receptora da negativa, favorecendo a aceitação dos argumentos apresentados para justificar o 'não' e, conseqüentemente, construindo uma ponte para o 'sim'"[12].

---

12. W. Ury; R. Fischer. *Op. cit.*

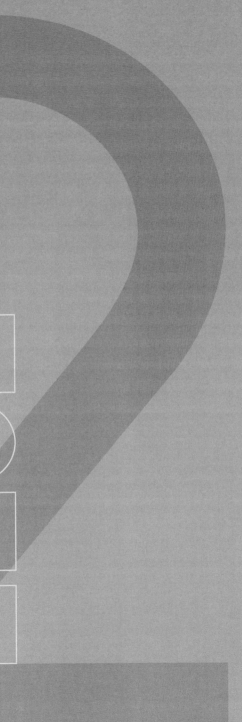

PARTE 2

EGOCIAÇÃO NA PRÁTICA:
A ABORDAGEM GANHA-GANHA

TIPOS DE ABORDAGEM EM NEGOCIAÇÃO

Ao longo dos anos, inúmeras técnicas de negociação foram apresentadas – quase todas bem fundamentadas e com boa comprovação prática. *Alto impacto, negociando por objetivos* ou *negociação ganha-ganha* são alguns rótulos cunhados para expressar conceitos e pensamentos acerca do tema. Neste livro-palestra não pretendo adicionar mais uma expressão bombástica, nem mesmo um apelido mercadológico. Ao contrário, procurei fazer uma sistematização prática de conceitos pessoais – construídos em duas décadas de experiência em vendas – lastreando-a com trabalhos de autores de reconhecida capacidade acadêmica. O resultado estabelece uma seqüência lógica de utilização que, espero, possa orientá-lo em suas negociações.

Antes de abordarmos a conceituação desse processo, convém mencionar os tipos de abordagens em negociação. William Ury, co-autor do livro *Getting to yes (1991)*[1], e importante membro do Projeto Negociação, da *Harvard Law School*, identifica quatro posições clássicas de perfil de abordagens:

1. Abordagem adversativa dura

Quando o *empenho em atender a seus próprios interesses* for ALTO e o *empenho em atender aos interesses da outra parte* for BAIXO;

2. Abordagem conciliadora branda

Quando o *empenho em atender a seus próprios interesses* for BAIXO e o *empenho em atender aos interesses da outra parte* for ALTO;

3. Abordagem evasiva

Quando o *empenho em atender a seus próprios interesses* for BAIXO e o *empenho em atender aos interesses da outra parte for* BAIXO;

4. Abordagem de ganhos mútuos (ganha-ganha)

Quando o *empenho em atender a seus próprios interesses* for ALTO e o *empenho em atender aos interesses da outra parte* for ALTO.

Neste livro-palestra, o modelo de abordagem que vou explorar será o da Abordagem de ganhos mútuos, ou como é largamente propalada, a *Abordagem ganha-ganha,* em que ambos os interesses das partes envolvidas

---

1. W. Ury; R. Fischer. *Op. cit.*

no processo de negociação devem ser respeitados e objetivados à satisfação. Reconheço a existência dos outros três modelos. Mas, no mundo de hoje, em pleno século XXI, quando a fluência das informações, o nível de ofertas e o quadro concorrencial adquirem, a cada dia, maior amplitude, penso não haver mais espaço para outro tipo de negociação fora daquele que proporcione satisfação recíproca de interesses atendidos e construção de uma ponte consensual no caminho do sim.

Ao construir o conteúdo teórico para referendar a minha exposição sobre a negociação na prática, fui buscar lastro em trabalhos produzidos por quatro autores. Desde já, recomendo a todos que busquem o aperfeiçoamento profissional na área de vendas e negociação que os leiam.

A primeira referência é Neil Rackham, cuja admiração pessoal já tive oportunidade de externar em páginas anteriores. Os seus livros *Spin selling* e *Rethinking the sales force* – infelizmente, ainda não traduzidos para o português – são verdadeiras obras-primas no campo acadêmico de vendas. A segunda é Donald Moine, que em seu livro, produzido em conjunto com John Herd e traduzido para o português com o nome de *Modernas técnicas de persuasão,* aborda com muita propriedade a utilização da programação neurolingüística como instrumento importante na composição das técnicas de vendas. A terceira referência é Jeffrey Gitomer e, especialmente, o seu livro *A Bíblia de vendas*, um dos melhores livros práticos de vendas que li em toda a minha vida. Por último, cito um autor brasileiro,

Carlos Alberto Júlio, misto de professor e executivo, cujo trabalho, *A magia dos grandes negociadores*, justa e merecidamente, tornou-se um *best-seller* em publicações nacionais no segmento sobre temas de administração e vendas.

Assim, fazendo um *mix* conceitual das publicações citadas, inseri conteúdos, interpretações e posicionamentos pessoais que, associados a exemplos e constatações experienciadas durante minha vida profissional, constituem os fundamentos teóricos e práticos abordados nesta parte do livro.

A NEGOCIAÇÃO NA PRÁTICA

Negociar é um processo eminentemente interativo. Logo, utilizar *scripts* preconcebidos, ou regras rígidas a serem seguidas, pode engessar o diálogo e conspirar contra os resultados esperados. Por outro lado, negociar ao sabor do improviso, sem preparação prévia ou definição clara de objetivos a alcançar certamente implicará os mesmos riscos de maus resultados.

Sendo assim, entendo o sucesso de uma negociação como dependente de um processo estruturado, cuja condução deva estar alicerçada em etapas lógicas e técnicas específicas, adaptáveis a cada contexto. Dentro desse quadro, desenho a *Abordagem de negociação ganha-ganha* em seis etapas bem definidas, não necessariamente seqüenciais, embora o escopo cronológico apareça na maioria das situações práticas.

ABORDAGEM DE NEGOCIAÇÃO GANHA-GANHA

1. Construção do *rapport*
2. Identificação das necessidades do interlocutor
3. Percepção dos critérios do cliente na tomada de decisão
4. Argumentação persuasiva
5. Avaliação dos sinais de compra do interlocutor
6. Execução do fechamento da negociação

A primeira etapa é a *construção de rapport*. Essa charmosa palavra inglesa, advinda de conceitos da neurolingüística, significa o estabelecimento de sintonia entre pessoas, favorecendo o desenvolvimento de confiança, harmonia e cooperação entre as partes envolvidas. Na construção de *rapport*, o negociador deve procurar entrar na mesma freqüência mental do interlocutor, facilitando a fluência da comunicação e o melhor desencadeamento de todas as demais etapas de negociação.

Uma vez obtido o *rapport*, o negociador deve partir para *identificar as necessidades do interlocutor*. Essa fase de investigação é de fundamental importância ao desfecho de uma negociação. A partir de subsídios colhidos nas respostas do interlocutor às perguntas formuladas, o negociador poderá argumentar sobre como o seu produto ou serviço será capaz de satisfazer as necessidades externadas.

Ao longo da investigação, o negociador deve procurar detectar os *critérios de decisão tomados pelo interlocutor* em outras compras ou decisões passadas. Aquilo que Donald Moine denomina de *Replay Instantâneo*[2], uma técnica de investigação em que o negociador tenta fotografar todos os elementos constantes, ou mais salientes e presentes, no padrão decisório do seu interlocutor.

A partir do momento em que as necessidades vão aparecendo, cabe ao negociador apoiá-las com *fundamentos argumentativos persuasivos*, especialmente apresentando uma seqüência lógica de características, vantagens e benefícios adequados a cada necessidade.

Enquanto argumenta, o negociador deve ficar atento aos *sinais de compra*, isto é, a qualquer manifestação, implícita ou explícita, do interlocutor no sentido de aceitação mais intensa ao conteúdo da argumentação apresentada. Eles são as chaves para o desfecho positivo da negociação e, sempre que observados como consistentes e fortemente positivos, devem ser utilizados pelo negociador como uma espécie de senha para o início do *fechamento,* sendo este o passo definitivo para a conclusão da negociação.

Vejamos, a seguir, com mais vagar, cada uma dessas etapas da abordagem da negociação *ganha-ganha*.

---

2. D. Moine; J. Herd. *Modernas técnicas de persuasão.*

CONSTRUÇÃO DO *RAPPORT*

- Matriz comportamental do interlocutor
- Canais de comunicação do interlocutor
- Acompanhamento do interlocutor

Estar em *rapport* é estar em harmonia com o interlocutor, gerando um ambiente de confiança na relação que se inicia, em que um sentimento de familiaridade se apossa das partes integrantes do ambiente da negociação.

Considero a construção do *rapport* dependente de três pilares: o primeiro é a interpretação do perfil comportamental do interlocutor e, para tanto, recomendo utilizar uma *matriz comportamental do cliente*[3], com base em um modelo apresentado pelo Carlos Alberto Júlio em seu livro *A magia dos grandes negociadores;* o segundo, tendo como base os fundamentos da neurolingüística[4], expressos por Donald Moine e John Herd em *Modernas técnicas de persuasão*, é a capacidade de descobrir e entender os *canais de comunicação do interlocutor;* o

---
3. C. A. Júlio. *A magia dos grandes negociadores.*
4. D. Moine; J. Herd. *Op. cit..*

terceiro pilar é representado pela capacidade de sintonizar-se, comportamental e verbalmente, com o interlocutor utilizando uma técnica definida como *acompanhamento do interlocutor.*

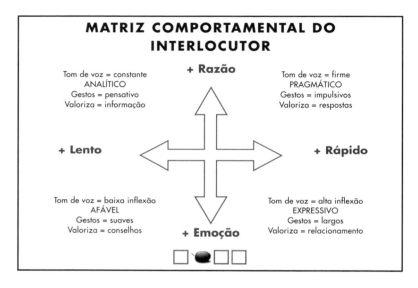

A *identificação do perfil do interlocutor*, preliminarmente à efetivação do ato da negociação propriamente dita, certamente, trará uma efetiva vantagem competitiva ao negociador. Entretanto, mesmo não havendo condições de colher esses subsídios previamente, é possível, durante o contato, na fase inicial da conversa, detectar as características, explícitas e implícitas, que definem o perfil comportamental do interlocutor.

No livro *A magia dos grandes negociadores*[5], Carlos Alberto Júlio apresenta um desenho esquemático mui-

---

5. Carlos A. Júlio. *Op. cit.*

to interessante para entender o perfil do interlocutor. Utilizando fundamentos externados no livro *Tipos psicológicos*, produzido em 1921 pelo suíço Carl Gustav Jung – um dos grandes estudiosos da psique humana e discípulo de Sigmund Freud – Carlos Júlio aponta a existência de quatro perfis distintos, delineados pela intersecção de dois grandes eixos de dualidades comportamentais básicas em relação ao processo de tomada de decisão. O primeiro eixo, posicionado no sentido vertical, refere-se à dualidade "razão/emoção"; o segundo, no sentido horizontal, à dualidade "lento/rápido". Fazendo-se o cruzamento desses dois eixos, resultam quatro quadrantes, identificadores dos tipos de perfis de comportamentos:

(1) + emoção + lento = Perfil afável
(2) + razão + lento = Perfil analítico
(3) + razão + rápido = Perfil pragmático
(4) + emoção + rápido = Perfil expressivo

Na prática, todos nós temos um pouco de cada perfil. Essas variações ou mutações são dependentes de situações que gravitam no cotidiano laboral de cada um. Todavia, também é fato que temos um perfil mais predominante característico, que assumimos em nosso ambiente profissional. Sem dúvida, o negociador que conseguir observar no seu interlocutor esta saliência comportamental terá uma significativa vantagem para a construção do *rapport* e, conseqüentemente, maiores chances de êxito na obtenção dos seus objetivos.

Vamos entender um pouco mais sobre como funciona essa matriz comportamental. Em primeiro lugar, cabe salientar a não-existência de um perfil pior ou melhor entre os quatro mencionados. Eles são apenas diferentes. A qualidade ou competência pessoal não é privilégio de um ou outro tipo designado. Sendo assim, não avalie, por exemplo, que um sujeito pragmático seja mais competente que um afável, ou vice-versa.

Olhe bem para a matriz e perceba os quatro quadrantes distintos. Comecemos, por exemplo, pelo sentido horário. Nesse caso, analisaremos primeiro o perfil *afável*. A principal característica desse perfil é, no ambiente de trabalho, agir mais com a emoção e tomar decisões com mais ponderação e vagar. Externamente, pode ser identificado por utilizar gestos suaves, acompanhados de tom de voz com baixa inflexão. Quase sempre subordina o pensamento ao sentimento, e isso pode representar rara qualidade no difícil mundo dos negócios, especialmente para avaliar o impacto de decisões empresariais sobre funcionários e clima organizacional. Em uma época na qual a inteligência emocional e a atividade em equipe ganham força e espaço nos modernos conceitos de gestão, aqueles que se enquadram no perfil *afável* são excelentes fomentadores de "times" e muito importantes dentro de uma estrutura organizacional. Empáticos, os afáveis têm uma diferenciada capacidade de compreender as pessoas e com elas se comunicar. Essa predominância integrativa da sua personalidade os faz, na maioria das vezes, escutar opiniões de outros antes de tomarem decisões.

Seguindo a análise dos perfis, temos o *analítico*. Sua característica-base dentro da matriz comportamental é ser uma pessoa que tem na razão a predominância das suas ações de natureza profissional, mantendo, também, a necessidade de dispor de mais tempo para tomar decisões. Em geral, é alguém que demanda grande quantidade de informações antes de decidir. Assim, não raras vezes, é comum vê-lo rodeado de papéis e relatórios, quase sempre arrumados de forma organizada e racional. O tom de voz é constante e seus gestos pensativos. É metódico, valoriza o aprendizado e a pesquisa, e busca na perfeição um ideal importante em suas referências de desempenho.

O terceiro perfil, na ordem proposta, é o *pragmático*. Profissional, com alta predominância da razão em suas ações e, normalmente, muito rápido para decidir, o *pragmático* é facilmente reconhecido ao primeiro contato pessoal: seus gestos são firmes, assertivos e, por vezes, até impositivos. Não gosta de perder tempo e, por isso, prefere ir direto ao assunto, sendo muitas vezes obstinado por resultados. Adepto do "aqui e agora", é prático, realista, do tipo "pé-no-chão" e, apaixonado por poder, pode assumir uma postura mais fria e insensível diante de situações ou pessoas.

Completando o quarteto de perfis, temos o *expressivo*. Acho até que, subjetivamente, devo ter proposto um sentido horário à análise individual de cada perfil para deixar por último aquele que considero o mais parecido comigo. Brincadeiras à parte, vamos ao *expressivo*: um sujeito com alta dose de emocionalidade pessoal e agilidade decisória.

Seus gestos são largos – às vezes teatrais – e o tom de voz recheado de inflexões salientes. Tem um estilo argumentativo de se expressar, gerando-lhe algumas vezes um rótulo de pouca objetividade. Ao contrário, é rápido e focado ao tomar decisões, porém a lógica de se expressar é mais complexa, prolixa e sinuosa. Gosta de falar – às vezes até pelos cotovelos –, mas não pode ser considerado um tipo "enrolador". A ênfase na comunicação é uma forma estabelecida por ele para construir relacionamentos que, imagina, sejam potencialmente duradouros e intensificados no tempo. É eloqüente, sociável e, constantemente, movido por intuição. Intimamente, adora a popularidade e, quando de perfil característico exacerbado, pode apresentar fortes traços de egocentrismo e auto-suficiência quanto à sua capacidade profissional.

Um fator importante a ser considerado nessa análise de perfis é a possibilidade de ocorrer uma alternância entre eles, previsível em função da ambiência em que a pessoa esteja inserida. Isso ocorre de duas maneiras:

1ª) Dentro do ambiente de trabalho, é comum as pessoas transitarem horizontalmente pelos quadrantes de perfis. Assim, um pragmático pode, com certa rotina, assumir uma postura analítica e vice-versa, o mesmo valendo para os perfis do expressivo e do afável.

2ª) Ao mudarem de ambiente, isto é, ao deixarem o ambiente de trabalho, é relativamente corriqueiro que as pessoas tendam a alterar o seu comportamento. E, conforme explicita Carlos Alberto Júlio, "via de regra, essa mudança ocorre no sentido diagonal, ou seja, o pragmático desloca-se para afável e vice-versa, e a mesma relação aparece entre o expressivo e o analítico".

No tocante à verticalidade dos perfis – a relação do pragmático com o expressivo, ou a do analítico com o afável – embora seja evidente uma situação de forte oposição comportamental, é freqüente existir, entre cada par citado, um sentimento de respeito e admiração mútua. Dessa forma, por exemplo, é comum observar o pragmático valorizando a eloqüência do expressivo, característica que ele admite lhe faltar; ou o expressivo admirando a racionalidade pragmática, indispensável a determinadas situações em que o foco na emoção não seja recomendável.

Uma vez inteirado do perfil do interlocutor, o negociador deve estar atento a descobrir os *canais de comunicação do interlocutor*.

OBSERVAÇÃO DOS CANAIS DE COMUNICAÇÃO DO INTERLOCUTOR

Visual ➡ olhar predominante para cima ➡ use expressões do tipo "procure imaginar", "veja o que ele é capaz de fazer" etc.

Auditivo ➡ olhar predominante para o lado ou para baixo à esquerda ➡ use expressões do tipo "escute o que ele pode fazer" etc.

Cinestésico ➡ olhar predominante para baixo à direita ➡ use expressões do tipo "experimente para ver o que ele faz", "sinta a emoção que ele pode produzir" etc.

A observação dos *canais de comunicação preferenciais do interlocutor* deve ser colocada em prática ao primeiro contato visual que o negociador estabelecer com ele. Em neurolingüística se diz que uma pessoa tem um canal preferencial de comunicação: o visual, o auditivo ou o orientado para o trinômio ação-sensação-movimento, também definido como canal cinestésico. Ao descobrir o canal predileto do interlocutor, o negociador estará dando um passo importante para o desfecho exitoso da negociação.

Olhos, a janela da mente

Um dos principais focos de observação para detectar o canal preferencial de comunicação do cliente é o movimento ocular do interlocutor durante o diálogo. Por isso, é de suma importância, quando desenvolvemos uma conversa com outra pessoa, termos o cuidado de procurar, o máximo possível, olhá-la nos olhos. Além de demonstrar interesse e valorização ao que ela expõe, possibilita-nos descobrir o seu canal de comunicação favorito.

É importante salientar que todas as pessoas têm acesso aos três canais expostos. Porém, quase sempre, um ou dois desses canais são mais aderentes e receptivos às mensagens enviadas. Ser capaz de perceber a forma mais adequada e persuasiva de o interlocutor receber mensagens irá contribuir para que o negociador possa moldar o seu discurso, adaptando-o à melhor recepção de cada pessoa. Isso ocorre, especialmente, na utilização de palavras que estimulem o impacto do que está sendo exposto, tornando o diálogo mais agradável, receptivo e, sobretudo, com maior poder de persuasão.

Particularmente, exercito muito este tipo de diagnóstico acerca do canal de comunicação preferido dos meus interlocutores. Seguindo fundamentos teóricos de Donald Moine – em seu livro *Técnicas modernas de negociação*[6], ele apresenta um questionário com dezenas de perguntas que ajudam a descobrir o canal preferencial de cada um – ao primeiro contato visual, começo a observar o movimento dos olhos da outra parte, em especial, quando formulo uma pergunta e aguardo uma resposta. Noto que, ao buscar conteúdo para construir a resposta a uma pergunta formulada, as pessoas desnudam, pelo olhar, a melhor forma de aceitar o recebimento de uma mensagem.

Vejamos primeiro o comportamento dos olhos de uma pessoa predominantemente visual. Ao responder a uma pergunta, em geral o *interlocutor visual* apresenta alta incidência de movimentos oculares no sentido superior, isto é, freqüentemente olha para cima ao fundamentar sua resposta.

No caso do *interlocutor auditivo*, os olhos tendem a mover-se com maior predominância no sentido horizontal, ou seja, movimentos oculares laterais. Ainda como caracterização do *interlocutor auditivo*, pode existir uma variação ao movimento lateral. Esta seria referente a um movimento para *baixo*, à esquerda. Diz-se que este movimento é muito comum quando o *interlocutor audi-*

---

6. D. Moine; J. Herd. *Ibidem.*

tivo busca escutar a sua voz interior, como se estivesse refletindo sobre a resposta da outra parte.

Já no caso do *interlocutor cinestésico*, o *olhar preponderante acontece* para baixo, à direita. De maneira geral, o olhar para baixo enquanto fala, de forma ampla, é característica da pessoa cinestésica. No entanto, quando ele se move à esquerda, podemos predizer que, provavelmente, trata-se de um tipo *cinestésico* em que a sensação auditiva apresenta forte influência no composto do trinômio "ação-sensação-movimento", composição comportamental básica de uma pessoa com esse perfil. Daí, esse movimento ser interpretado, também, como perfil *auditivo*.

ADAPTANDO O DISCURSO AO CANAL DE COMUNICAÇÃO DO INTERLOCUTOR

Palavras "colírios para os olhos" do visual
analisar, aspecto, brilho, brilhante claro, panorama, perspectiva, idéia, evidente, imaginar, ler, mostrar, nítido, reconhecer, saliente, sinal, sonho, olhar, visão, vistoso, ver etc.

Palavras "música para os ouvidos" do auditivo
afinar, amplificar, anunciar, boato, chamar, conversar, convidar, descrever, divulgar, dizer, falar, escutar, informar, mencionar, ouvir, declarar, sonoro, tom, vocal, comunicar etc.

Palavras que "lavam a alma" do cinestésico
abraçar, apoiar, ativar, cortar, controlar, custo, esforço, estrutura, agarrar, apertado, espaçoso, experimentar, sentir, frio, calor, macio, duro, liso, mover, mudar, profundo, vigoroso, firme, sofrer, suportar etc.

Ao reconhecer um interlocutor como visual, o negociador deve procurar inserir na sua argumentação palavras que potencializem a aderência à mensagem. Poeticamente, defino como colírios para os seus olhos. São exemplos de expressões com esta característica, palavras como "brilhante, claro, escuro, evidente, imaginar", entre tantas outras que ressaltem a condição visual.

No caso do interlocutor com tendência mais auditiva, as palavras devem ser aquelas que possam representar *música aos seus ouvidos*. Algo como "descrever, declarar, alto e bom tom, falar, ouvir, escutar etc.".

E, por fim, se o interlocutor for cinestésico, é indicada a utilização de palavras que reflitam ação, sensação e movimento. Por exemplo, "apoiar, ativar, cortar, experimentar, liso, rugoso, vagaroso, rápido", ou outra que reforce a principal necessidade do cinestésico, ou seja, o ato de poder sentir, o que figurativamente defino como palavras que *lavam a alma* do cinestésico.

Quando abordo esse tema em minhas palestras, gosto muito de trazer o exemplo de uma "demonstradora de produtos em supermercados" – aquela profissional de vendas postada em um quiosque promocional, estrategicamente localizado dentro do estabelecimento – cujo trabalho de exposição persuasiva do produto presenciei alguns anos atrás. Confesso não me recordar da data, nem sequer do ano exato, mas já faz bastante tempo.

Vamos ao exemplo: ao percorrer as gôndolas do supermercado, chamou-me a atenção a demonstradora de produtos de uma marca de sabão em pó – também não me recordo da marca ou do fabricante. Posicionada atrás de um balcão móvel do quiosque, mostrava, em peças de roupas diversas e pré-lavadas com o produto referido, os efeitos provocados nos tecidos após a sua utilização. Achei interessante a forma como fazia a demonstração, ressaltando os efeitos do uso do produto de maneira tangível e prática, uma forma diferente de comunicar valor nesse tipo de ação em ponto de venda. Porém, o que mais me chamava a atenção, além da forma personalizada de abordagem a cada interessado que se aproximasse do quiosque para colher mais informações, era a constância com que as pessoas paravam para interagir com a demonstradora. Curioso, procurei chegar mais perto para escutar o que ela falava e, principalmente, a forma de abordagem que tanto causava aderência aos interlocutores. Observei, então, que ela argumentava com cada cliente, nitidamente, procurando atingir o seu canal de comunicação preferido. Pensei comigo, indagando a minha voz interior: *"será que esta demonstradora conhece técnicas de programação neurolingüística?"*

Não resisti e, ao encontrar uma brecha entre as exposições que fazia, perguntei-lhe se a minha presunção fazia sentido ou toda a sua forma de argumentação era intuitiva, empírica e subjetiva. Ela sorriu, amavelmente, e com voz suave e charmosamente envolvente me devolveu a pergunta:

– *Noto que você é cinestésico, não?*

Pronto! Não precisava dizer mais nada. A mulher tinha me observado enquanto falava e, mesmo que a amostra para avaliar o meu perfil tenha sido apenas o questionamento que efetuei, acertou em cheio. Afinal, você já deve ter percebido, sou cinestésico de carteirinha! Estava explicado, assim, o porquê de tanta sintonia entre ela e as pessoas que paravam para ouvir as suas ponderações.

Vejamos a estrutura de abordagem utilizada pela demonstradora. Inicialmente, ao cumprimentar quem se aproximasse com uma nítida manifestação de interesse em saber mais sobre o produto, saudava a todos com simpatia e educação e, com uma sondagem preliminar muito instigante, perguntava se a interessada era consumidora de sabão em pó. Ato contínuo, sondava o grau de satisfação atual desta com o produto, bem como os porquês dessa avaliação. Enquanto a interessada começava a falar, os olhos da demonstradora infiltravam-se profundamente no seu olhar e os poucos segundos consumidos pela interessada para emitir uma resposta eram suficientes para que a demonstradora fizesse uma avaliação geral sobre a predominância do canal de comunicação preferido pela interessada.

Uma vez detectado o canal preferencial, a demonstradora começava a argumentar utilizando as peças de roupas para consubstanciar a sua explicação. Por exemplo, se a interessada fosse percebida como visual, a demonstradora apresentava os benefícios do uso do produto com palavras *colírios para os olhos*, seguidas da complementação visual prática na própria roupa. Embora não possa repetir *ipsis litteris* a argumentação utilizada, posso afirmar que o discurso da demonstradora não fugia muito de algo como:

Negociação na prática 111

– *Noto que a senhora gosta de cores brilhantes. Deixe-me mostrar, por exemplo, nesta camisa aqui, o efeito de nosso sabão em pó em suas roupas quando lavadas. Olhe bem o azul e o verde depois de lavados! Como estão vivas as cores, não?*

Se a predominância do canal da interessada fosse cinestésico, a demonstradora adaptava a forma de argumentar para:

– *Sinta como a superfície fica lisa depois de lavada, sem aquelas bolinhas tão comuns resultantes de lavagens com produtos de menor qualidade.*

Quando o canal auditivo preponderava, ela mais uma vez modificava a abordagem, procurando utilizar expressões que melhor se ajustassem a esse perfil. E assim, sucessivamente, ia adaptando o discurso a cada cliente.

Enfim, um verdadeiro show de técnica na utilização da identificação do canal de comunicação. Apesar da superficialidade do processo de avaliação, em função do curto espaço de tempo para a percepção, a demonstradora conseguia obter boa dose de acerto na tendência do canal preferido de cada interessado.

E o mais importante: impactado positivamente pela habilidade de construção de *rapport* da demonstradora com os interessados, postei-me próximo aos caixas e pude constatar, *in loco*, que não eram poucos os carrinhos de compras que traziam em seu interior uma ou mais unidades do sabão em pó divulgado por ela. Ou seja, um bom *rapport* pode ser um forte indício de sucesso em negociações.

> **ACOMPANHAMENTO DO INTERLOCUTOR**
>
> **Verbal**
> - Velocidade/Ritmo de voz
> - Volume de voz
> - Vocabulário
> - Tamanho de frases
>
> **Não-verbal**
> - Postura
> - Gestos/Olhar/Expressões
> - Respiração
> - Ênfases/Pausas
> - Estado anímico/Humor/Sentimentos
>
>

Um terceiro componente importante para obtenção de *rapport* é aquilo que os especialistas em programação neurolingüística denominam de *acompanhamento*. Nele, o negociador deve procurar uma forma de igualar-se ao interlocutor e, dentro do possível, espelhar as suas principais referências comportamentais. Ou seja, com base na observação de expressões faciais, corporais, voz, olhos ou outras evidências, verbais ou não-verbais, emergidas do interlocutor ao longo do contato pessoal, o negociador pode sintonizar-se com ele na mesma freqüência, aproximando ao estilo do interlocutor as suas próprias expressões, gestos ou perfil de fala.

O *acompanhamento*, quando bem-feito, gera uma atmosfera de cumplicidade entre as partes envolvidas na negociação, fazendo-as sentir que pensam da mesma maneira ou encaram situações de maneiras semelhantes.

Isso acontecendo, quase sempre o interlocutor se identifica com o negociador, ficando mais propício a concordar naturalmente com ele. O *acompanhamento* funciona de acordo com o princípio da influência, com base na afinidade, em que os semelhantes se atraem.

Uma das grandes vantagens do *acompanhamento* é que, bem realizado, praticamente impede o surgimento de discordâncias. Os seus efeitos positivos podem ser experimentados em qualquer parte da negociação, mas tornam-se muito mais evidentes no início de um contato ou quando do aparecimento de objeções. Donald Moine, no livro *Campeões de vendas*, escrito em conjunto com Glauber Robson, explica: "quanto mais uma pessoa tiver sido acompanhada ao longo de uma entrevista de vendas, mais fácil se tornará orientá-la ou influenciá-la"[7].

Embora as facetas da construção do *acompanhamento* sejam múltiplas, considero-o dividido em dois grandes grupos de comportamentos: grupo das evidências *verbais* e o das *não-verbais*.

No conjunto das *verbais,* além do vocabulário e estilo de construção de frases – mais longas ou curtas, objetivas ou prolixas – estão inclusas todas as características decorrentes do uso da voz, sua velocidade, ritmo, volume ou entonação. Por exemplo, se o interlocutor utiliza uma velocidade de fala lenta e construção de frases simplificadas, o negociador não deve, em um primeiro momento, querer falar rápido e com erudição vocabular. Isso gera

---

7. D. Moine; G. Robson. *Campeões de vendas.*

incongruência de estilos verbais e, certamente, terá reflexos negativos para a sintonia da conversa.

No elenco de componentes *não-verbais,* incluem-se aspectos como a postura corporal, as formas de olhar, os gestos e expressões faciais mais proeminentes, o ritmo da respiração, as nuanças de oralidade – tais como o uso de pausas ou ênfases ao proferir frases – bem como o estado anímico em que interlocutor se encontra. Por exemplo, se o negociador perceber no interlocutor um estado de preocupação ou tristeza, não deve, sob hipótese alguma, iniciar um contato procurando passar sentimentos de euforia ou alegria. Isso contrasta e faz aflorar sentimentos de desconfiança, dúvida ou resistência. Uma coisa é certa: quando as nossas palavras e a nossa linguagem corporal se contradizem, as pessoas darão mais crédito à linguagem corporal. Traduzindo: "as palavras expressam a fala; o corpo as transforma em comunicação".

O *acompanhamento,* entretanto, tem a sua grande validade até o momento em que o *rapport* se consuma e, principalmente, quando se torna evidente a existência de um clima de harmonia e confiança mútua no contexto da negociação. A partir daí, cabe ao negociador ir conduzindo sua fundamentação com o seu próprio estilo, no qual certamente estará mais à vontade para argumentar, influenciar e persuadir o interlocutor. Esse processo de migração de estilos deve ser muito cauteloso para não comprometer as conquistas de sintonias já obtidas. A base do *rapport* é a confiança, e qualquer inabilidade na condução desta transição de estilos pode ser fatal à estabilidade desse alicerce.

> **RELEMBRANDO**
>
> *Rapport* é habilidade de...
> estar em harmonia com o interlocutor
> estabelecer ambiente de confiança à relação que se iniciar
> gerar no interlocutor uma sensação de familiaridade
> **Sem *rapport* = Sem negociação**
>
>

Ao realizar o *acompanhamento*, o negociador está comunicando ao interlocutor que o compreende, respeita-o e, sobretudo, o valoriza. Trata-se de uma técnica de extraordinários resultados para quem deseja entrar na realidade do outro, tanto em pensamentos quanto em emoções particulares, por meio de palavras ou comportamentos, sem que isso seja percebido. *Rapport* é "estar em harmonia com o outro; é estabelecer um ambiente de confiança à relação pessoal ou comercial recém-iniciada, gerando uma sensação de reciprocidade, familiaridade e compreensão mútua entre os envolvidos em uma negociação".

O principal pré-requisito para o desenvolvimento das etapas constantes na Abordagem ganha-ganha é a *Identificação das necessidades do interlocutor*. Sem conhecer o que ele precisa, pensa, deseja ou espera receber para satisfazer essas necessidades, fica muito difícil – para não dizer impossível – para o negociador evoluir em seu discurso argumentativo. Não sabendo o que o outro lado quer, como podemos oferecer algo? Não há base estrutural que evidencie essa possibilidade.

> **IDENTIFICAÇÃO DAS NECESSIDADES DO INTERLOCUTOR**
>
> **a. Sondagens de forma**
> Abertas ou fechadas
> **b. Sondagens de conteúdo**
> Situacionais, vitais, conseqüencias (positivas e negativas)
> **c. Posicionamento de indução a respostas afirmativas**
>
>

Na literatura de vendas, desde as primeiras publicações do gênero, esse tópico sempre é largamente abordado. Sob várias formas de apresentação, a fase da investigação de um processo de negociação é fundamentada pelo uso de sondagens adequadas, buscando que aflorem no interlocutor necessidades e sentimentos. Quando estes se expressam, permitem ao negociador poder apoiá-los com argumentos ajustados a contribuir para o desenvolvimento e desfecho da negociação.

A classificação dos tipos de sondagens – ou perguntas – oferece variadas formatações, denominações ou, simplesmente, adaptações sobre o mesmo tema. Pessoalmente, gosto de dois modelos: o primeiro refere-se à forma de estimular as respostas e define as perguntas em *abertas* ou *fechadas;* o segundo, utilizando uma adaptação da Técnica SPIN, de Neil Rackham, enfoca o conteúdo da sondagem, e o denomino como perguntas *situacionais, vitais e conseqüenciais.*

COBRINDO AS NECESSIDADES DO INTERLOCUTOR

Sondagens de forma

Abertas ➡ Estimulam o cliente a falar
Fechadas ➡ Limitam as respostas e direcionam o cliente

Vejamos, primeiramente, as *perguntas abertas ou fechadas.* Essa classificação é decorrente do tipo de resposta que se espera obter do interlocutor. Se o objetivo for estimulá-lo para que fale mais durante a resposta, a fim de possibilitar o repasse de informações e sentimentos de forma ampla e subjetiva, as *perguntas abertas* são as mais recomendadas. Porém, se o desejo for limitar a resposta do interlocutor, seja para uma confirmação ou negativa a um argumento ou informação exposta, seja para norteá-lo na transposição de um assunto para outro, então, o uso de *perguntas fechadas* é o mais apropriado.

Por exemplo, estamos usando *perguntas abertas* quando abordamos o interlocutor da seguinte forma:

– *Você poderia me detalhar as razões que o estimulam a trocar de automóvel?*

Ao solicitar que o interlocutor explique os motivos pelos quais está disposto a adquirir um veículo novo para substituir o seu usado, o negociador está formulando uma *pergunta aberta*. Pretende incentivá-lo a apresentar na resposta, por exemplo, as necessidades que possui e as características não satisfatórias do seu automóvel; ou pode estar criando um ambiente propício para que sentimentos e desejos pessoais possam ser atendidos, no caso de aquisição do novo veículo.

Agora vamos observar o seguinte formato:

– *Noto que o senhor tem forte preferência por um automóvel de cor escura, estou certo?*

Uma pergunta desse tipo quase sempre conduzirá a uma reposta curta, seja afirmativa ou negativa. Algo como: "*sim, realmente, prefiro sempre cores escuras*"; ou em caso negativo, "*não, prefiro cores claras*". O máximo que pode acontecer, se o interlocutor tiver um perfil mais falante, será a adição da justificativa do porquê da preferência. Mas, muito raramente a resposta tenderá para um desencadeamento de explicações mais alongadas.

Considero a forma das perguntas muito importante para nortear a fase investigativa da negociação. Porém, ela deve estar sempre combinada com o caráter intrínseco da formulação. Quando menciono caráter, vinculo o posicionamento dos questionamentos dentro do contexto da abordagem, especialmente, aos objetivos que deles esperamos obter. Estruturo as perguntas de conteúdo em três vertentes: *situacionais, vitais e conseqüenciais*.

DESCOBRINDO AS NECESSIDADES DO INTERLOCUTOR

Sondagens de conteúdo

- Perguntas situacionais
- Perguntas vitais
- Perguntas conseqüenciais (negativas/positivas)

Perguntas situacionais

As *perguntas situacionais* são aquelas que o negociador utiliza para tomar ciência da conjuntura da negociação, dos fatos que gravitam em seu entorno e das principais necessidades ou sentimentos presentes no interlocutor. Essas perguntas são as mais comuns quando se inicia uma conversa, entrevista ou negociação. Servem como um "abre-alas", com o qual o negociador busca obter um panorama geral sobre os elementos presentes no contexto em questão.

Recordo-me, quando era vendedor iniciante, eu adorava fazer esse tipo de pergunta. Primeiro, porque estimulava o meu interlocutor a falar mais do que eu e, assim, podia ficar observando as suas reações; segundo, porque me dava mais segurança, haja vista que, quanto mais ia conhecendo o cliente, mais procurava moldar-me ao seu estilo comportamental.

> **PERGUNTAS SITUACIONAIS**
>
> - Perguntas feitas acerca de um contexto, conjuntura ou fatos
> - Exemplo: (a) Qual o tamanho de sua empresa?
>   (b) Como é realizado hoje o processo de compra?
> - São perguntas feitas mais em benefício de quem pergunta do que de quem responde
> - Interlocutores estão mais impacientes com esse tipo de pergunta
> - Perguntas muito comuns em contatos infrutíferos/improdutivos
>
>

Porém, com o passar do tempo, comecei a entender que as *perguntas situacionais*, na verdade, eram muito mais importantes para mim do que para o interlocutor, pois as informações fluíam apenas dele, sem a devida reciprocidade de oferecer-lhe uma troca de valor. Exemplificando: eu fazia uma pergunta aberta e *situacional* do tipo:

– O senhor poderia me falar mais sobre como é realizado hoje o seu processo de reprodução de documentos?

E ele respondia, relatando-me todo o seu processo de cópias e armazenamento de documentos. Então, eu continuava:

– *Qual o tamanho do quadro de funcionários de sua empresa? Qual o volume médio de documentos manuseados por funcionário ao longo do mês? Como se processa a decisão de compra? Vocês utilizam algum equipamento de reprodução de documentos?*

E seguia em um infindável rosário de perguntas abertas ou fechadas, mas de caráter exclusivamente *situacional*. Não raras vezes, deparava com inúmeros minutos de conversa quando, tão-somente, utilizava o interlocutor para extrair informações, sem dar-lhe nenhuma em troca.

Sejamos honestos: isso não é relação *ganha-ganha*. Está certo que o negociador precisa conhecer o terreno onde está pisando, detectar "as rosas e os espinhos que ornamentam o seu caminho". Mas, ficar apenas colhendo informações, sem intercalar com reciprocidades ao interlocutor, torna-se enfadonho, cansativo e infrutífero no longo prazo.

Recomendo utilizar as *perguntas de situação* em quantidade suficiente para gerar informações para passar-se para as *perguntas vitais e conseqüenciais*, estas, sim, as mais relevantes, importantes e decisórias no processo de negociação. Obviamente, se durante um diálogo o negociador sentir mais necessidade de informações contextuais, ele pode retornar às *perguntas situacionais*, sem problemas. O que sugiro, porém, é evitar uma grande dose dessas perguntas de maneira concentrada. O indicado é a integração harmônica entre os três tipos – *situacionais, vitais e conseqüenciais* – visando a uma melhor preparação para a argumentação persuasiva do negociador.

Perguntas vitais

As *perguntas vitais* são, sobretudo, referentes a problemas ou insatisfações que o interlocutor enfrenta ou manifesta ter em relação às suas soluções atuais, sejam de produto, de serviço ou de outra fonte geradora. Considero-as *vitais* por serem desencadeadoras de estímulo à mudança. Em geral as pessoas possuem uma zona de conforto pessoal a inibir o aparecimento da vontade de modificações. Muitas vezes, elas estão submersas em insatisfações ou recheadas de problemas e dificuldades. Não conseguem identificar, ou mesmo verificar, nelas motivos indutores à mudança ou ao repensar situacional.

PERGUNTAS VITAIS

- São perguntas fundamentais ao contexto da venda, abordando diretamente as questões-problema (dificuldades, prejuízos, insatisfações, etc.)
- Exemplo: (a) Você está satisfeito com a sua solução atual?
    (b) Você tem problemas com o desempenho desse produto?
- São muito comuns em contatos produtivos
- São perguntas-chave para que apareçam as necessidades a serem satisfeitas.

Cabe então, ao negociador, despertar no interlocutor o surgimento mais tangível desses inconformismos e, para tanto, as *perguntas vitais* assumem papel preponderante. Ao contrário das *perguntas situacionais,* necessárias apenas ao negociador, as *perguntas vitais* geram mais valor ao interlocutor, pois focam nos seus interesses e o estimulam a conhecer novas soluções.

Fazer *perguntas vitais* requer uma habilidade superior por parte do negociador; talvez por isso sejam pouco utilizadas comparadas às *situacionais*, quase sempre as preferidas pelos menos talentosos na arte de negociar. As *perguntas vitais* exigem mais o exercício da empatia e do ouvir ativamente o interlocutor. Uma vez emergida uma necessidade a ser satisfeita, o negociador deve compreender como tal evidência pode refletir-se em problema ou insatisfação e, diretamente, abordar essa situação.

Quando comecei a minha atividade como vendedor da Xerox, reconheço ter convivido com muita dificuldade em formular *perguntas vitais*. Talvez ficasse nervoso ao ter de instigar o interlocutor sobre as suas dificuldades ou insatisfações. E assim, abusava das *perguntas situacionais* que, embora me fornecessem informações importantes, não permitiam que me aprofundasse até a raiz dos problemas. Mas, com o tempo – e, principalmente, com o treinamento diário – fui absorvendo familiaridade em abordar as questões vitais e descobrindo o quanto era mais fácil negociar enfocando as incongruências entre o valor "desejado" e o "percebido" pelo interlocutor em relação a um produto, serviço ou qualquer espécie de solução experimentada naquele momento.

Constatei que inúmeras das minhas *perguntas situacionais* poderiam ser substituídas por *perguntas vitais*, ganhando muito mais impacto. Por exemplo, em vez de perguntar ao interlocutor *"como era feito o seu processo de reprodução de documentos"*, eu o abordava argüindo se *"ele estava satisfeito com a sua atual solução de reprodução de documentos"* e, sentindo a menor manifestação de inconformidade, emendava uma outra *pergunta vital*, algo como *"que tipo de problemas o senhor vem enfrentando com a utilização dessa solução atual?"*

E então? Dá outro impacto e efetividade à negociação, você não acha?

Perguntas conseqüenciais

Dou um depoimento: a efetividade das minhas entrevistas de vendas foi muitíssimo potencializada quando comecei a combinar as *perguntas vitais* com outras que classifico de *perguntas conseqüenciais*. Integro nessas perguntas aquelas que Rackham identifica como *perguntas de implicação* e as *perguntas de satisfação de necessidade*. Em tempo: como já mencionei em páginas anteriores, Neil Rackham é autor da Técnica de Vendas SPIN, que classifica perguntas em "de situação, de problemas, de implicação e de satisfação de necessidades" (em inglês, a sigla SPIN vem de *Situation Questions, Problem Questions, Implication Questions and Need-payoff Questions).*

As *perguntas conseqüenciais* têm por objetivo principal ampliar a intensidade e a importância do problema ou do valor de uma solução. Elas podem enfocar *conseqüêcias negativas* – por exemplo, *"este problema que o senhor me relata, certamente, deve estar elevando os seus custos e, como conseqüência, impactando nos seus lucros, estou correto em afirmar isso?"* – ou *conseqüências positivas*: *"seria importante, então, que o senhor dispusesse de um equipamento que evitasse tal desperdício de papel, o senhor concorda comigo?"*

PERGUNTAS CONSEQÜENCIAIS

- São perguntas estratégicas para ampliar a importância do problema (necessidade) emergente e, conseqüentemente, valorizar a solução a ser apresentada
- Em nível de comunicação persuasiva, elas minimizam um eventual sentimento de manipulação que possa existir na entrevista de vendas
- Muito importantes em produtos/serviços mais complexos

As *perguntas conseqüenciais negativas*, além de ampliar a intensidade do problema ou a insatisfação apresentada pelo interlocutor, minimizam um eventual sentimento de manipulação que este venha a apresentar. As *perguntas conseqüenciais positivas*, em igual qualidade, evidenciam o valor de uma nova solução, propiciando o destaque dos benefícios decorrentes, criando uma atmosfera positiva na relação negociador/interlocutor, facilitando o avanço da discussão no sentido de ações que levem ao compromisso ou ao fechamento da negociação.

Completando as ferramentas importantes para a identificação das necessidades do interlocutor, insiro o que chamo de *Posicionamento de Indução a Respostas Afirmativas (PIRA)*. Extraí esse conceito de fundamentos expressos por Glauber Robson e Donald Moine no livro *Campeões de vendas*[8].

PERGUNTAS CONSEQÜENCIAIS NEGATIVAS

São perguntas que evidenciam os problemas do interlocutor.
Exemplo: (a) Isso está gerando sobrecarga em outras áreas?
(b) Qual o custo adicional que isso está lhe gerando?

PERGUNTAS CONSEQÜENCIAIS POSITIVAS

São perguntas que visam valorizar a solução a ser apresentada
Exemplo: (a) Seria importante para você se isso fosse resolvido?
(b) De que outra forma poderíamos ajudar você?
"Elas criam uma ambiência positiva ao contexto da venda, levam o cliente a falar sobre valor e ajudam a avançar a negociação no sentido da ação e do compromisso."

A essência da ferramenta consiste no seguinte princípio: "quando uma pessoa concorda com a outra, maiores serão as chances de continuar concordando". Assim, quanto mais o negociador formular perguntas

---

8. D. Moine; G. Robson. *Op. cit.*

que busquem concordâncias parciais, no subconsciente do interlocutor, mais se formarão condições favoráveis a *novas concordâncias*, contribuindo à construção de uma *concordância final*.

O *PIRA* é composto de argumentos ou perguntas que devem ser intercaladas às outras perguntas (situacionais, vitais e conseqüenciais) ou, mesmo, após a exposição de um argumento persuasivo de vendas. Ele pode ser construído com maior riqueza de elaboração ou, simplesmente, de forma direta e objetiva, visando única e exclusivamente estimular pequenas concordâncias, mesmo as mais óbvias e triviais.

Negociadores de sucesso, invariavelmente, utilizam o *PIRA* do contato inicial até a conclusão da abordagem. É muito comum observarmos negociadores mais experientes – especialmente em apresentações coletivas – buscarem pequenos pontos básicos de concordâncias, repetidamente, enquanto expõem os seus argumentos.

BUSCANDO CONCORDÂNCIAS PARCIAIS COM O PIRA

(Posicionamento de indução a respostas afirmativas)

☐●☐☐

O negociador pode fazer um *PIRA* mais fundamentado, do tipo *"gosto muito do conceito estratégico proposto por sua empresa, pois hoje, diante do cenário mercadológico a cada dia mais competitivo e acirrado, destaca-se quem, como os senhores, trabalha direcionado e com foco bem ajustado ao seu público-alvo."* Porém, nada impede ser o *PIRA* uma pergunta de concordância a alguma informação básica, como *"o seu nome completo é Pedro Luiz Gomes Teixeira Jr., estou certo?"*. Ou *"os seus funcionários me parecem muito felizes em suas atividades, não é mesmo?"*.

Recomendo a seguinte linha estrutural para desenvolvimento do *PIRA*:

1. Iniciar com *perguntas ou argumentos* com os quais o interlocutor tenha facilidade de concordar ou aceitar;
2. À medida que a relação de confiança e afinidade for aumentando, vá induzindo o interlocutor a novas concordâncias que gerem compromissos, dentro da premissa de que pequenos compromissos levam a grandes compromissos.

PERCEPÇÃO DOS CRITÉRIOS DO INTERLOCUTOR PARA A TOMADA DE DECISÃO

Utilizar instrumentos combinados:
- Histórico de decisões passadas
- Perfil de envolvimento
- Risco percebido

Negociação na prática

O *PIRA* é capaz de efeitos estupendos, pois além de estabelecer expectativas positivas na mente do cliente, evidenciando fatos e constatações que permitem o desenvolvimento de autoconfiança e espírito cooperativo, possibilita ao negociador tornar a sua argumentação parte do cliente. Donald Moine tem uma frase de que gosto muito e ilustra bem a estrutura de um *PIRA*: "se você quer que um cliente acredite em você, faça com que ele mesmo repita o que você disse". Em outras palavras, este é o alicerce do *PIRA*. Fazer com que o interlocutor concorde com você, de forma indireta, equivale a fazer com que ele aceite e repita o que você diz.

Um complemento importante à fase de identificação de necessidades do interlocutor é o desenvolvimento, desde as primeiras sondagens, da percepção dos critérios utilizados pelo interlocutor para tomar as suas decisões. A razão é simples: à medida em as pessoas têm seus comportamentos de conduta, por analogia, elas também têm os seus comportamentos de tomada de decisão.

No livro *Campeão de vendas,* Moine e Robson apresentam uma técnica para historiar o critério de compra de um determinado cliente, denominada *Replay de Decisões de Compras Passadas.* Baseados na premissa de que "comportamentos de decisões passadas são capazes de predizer comportamentos de decisões futuras"[9], os autores abordam quatro passos que sugerem como básicos para a preparação adequada do início de uma argumentação persuasiva.

---

9. D. Moine; G. Robson. *Op. cit.*

O negociador deve, na fase inicial de uma negociação, procurar saber detalhes sobre o comportamento decisório do interlocutor em compras passadas. À medida que as informações vão emergindo é recomendável que ele grave em sua memória os *passos mentais* que o interlocutor percorre para tomar as suas decisões. Nesse processo de memorização, é importante o negociador fazer uma qualificação dos critérios utilizados pelo interlocutor para valorar os atributos e fundamentos mais importantes à decisão de compra. Estabelecida essa hierarquia, o negociador deve conduzir a sua argumentação persuasiva de modo a estimular a percepção do interlocutor no sentido de haver uma congruência entre a linha argumentativa utilizada e os critérios de decisão por ele experimentados em situações passadas. Devem ser enfocados, prioritariamente, os critérios mais importantes, externados pela ótica do interlocutor.

REPLAY DE DECISÕES DE COMPRAS PASSADAS

Adaptado de Moine e Robson, 2006

1. Perguntar ao interlocutor "como ele decidiu comprar seu último produto"
2. Descobrir e gravar os passos mentais que o interlocutor percorreu para tomar a decisão de compra
3. Hierarquizar os critérios utilizados (ordem de importância para o interlocutor)
4. Iniciar a argumentação persuasiva focando na prioridade de critérios detectada

"Comportamentos de decisões passadas predizem comportamentos de decisões futuras" (Moine e Robson)

Entendo que, no contexto dos critérios utilizados pelo interlocutor para sua tomada de decisão, é fundamental a observação de dois atributos que podem impactar decisivamente a ambiência decisória: refiro-me ao "envolvimento" do interlocutor em relação ao objeto da negociação e o "risco percebido" por ele em relação aos desdobramentos pós-decisão.

Bem, aqui peço permissão a você para enveredar um pouco no complexo terreno acadêmico e, nesse sentido, vou me valer de considerações extraídas da minha dissertação de Mestrado em Administração e Marketing – concluída em janeiro de 2005[10] – para melhor caracterizar o que significam envolvimento e risco percebido na decisão de compra.

Envolvimento e risco percebido na tomada de decisão de compra

Um processo de solução de problemas: em geral, esta é uma visão freqüente quando é analisada a tomada de decisão de compra do consumidor, presente em grande parte dos trabalhos voltados a essa área, principalmente, em diversos autores de importantes livros sobre comportamento do consumidor (Howard; Sheth, 1969; Celsi; Olson, 1988; Engel; Blakwell; Miniard, 2000; Solomon, 1996; Wells; Prensky, 1996; Assael, 1998; Houston; Rothschild, 1977). É caracterizado quando o consumidor percebe que precisa fazer uma compra para satisfazer uma necessidade ou

---

10. C. A. Carvalho Filho. *Influência de estímulos indutores à comunicação boca a boca em consumidores de crédito pessoal.*

desejo, dando início, assim, a um conjunto de etapas que formam o chamado *processo de tomada de decisão*.

Fartamente encontradas na literatura acerca do tema, as etapas do processo tradicional de tomada de decisão têm seu começo a partir do *(1) reconhecimento de um problema* – ou como sugere Assael, "despertar de uma necessidade"[11] – prosseguem na *(2) busca de informações* sobre produtos de interesse constatado, na *(3) avaliação das alternativas* possíveis e existentes, na *(4) compra propriamente dita,* no *(5) uso ou consumo* do que foi adquirido, na (*6) avaliação de pós-compra*, desencadeadora de sentimentos de satisfação ou insatisfação, encontrando o fechamento do ciclo processual no *(7) descarte,* etapa na qual o consumidor vai dizer o que fará com o produto – ou elementos que o compõem (embalagem, acondicionamentos, entre outros) – após a compra.

As decisões de compra, embora estratificadas em etapas padronizadas, não constituem uma rotina idêntica para todos os produtos ou serviços. Existem decisões mais importantes do que outras, nas quais a quantidade e a importância dos esforços empregados sofrem variações de uma situação para outra. Uma das formas mais efetivas de abordar esses diferentes tipos de tomada de decisão repousa na valoração do nível de complexidade exigido na escolha de um produto ou serviço, isto é, a quantidade de recursos cognitivos e temporais despendidos pelos consumidores durante o processo de compra.

---

11. H. Assael. *Consumer behavior and marketing action.*

A construção imaginária de um *continuum* alicerçado no grau de complexidade da decisão, conforme apresento na figura a seguir, é observada como a maneira mais adequada e conveniente para essa visualização.

CONTINUUM DO PROCESSO DE TOMADA DE DECISÃO DE COMPRA

Adaptado de Engel, Blackwell e Miniard (2000)

Processo complexo de tomada de decisão	Processo limitado de tomada de decisão	Tomada de decisão por hábito
Alto	Grau de complexidade	Baixo

O *continuum* do processo de decisão tem na extremidade, onde o grau de complexidade é alto, o denominado *processo complexo de tomada de decisão*. Na extremidade antagônica, com baixo ou praticamente inexistente grau de complexidade, tem-se a *tomada de decisão por hábito*. No intervalo entre as duas extremidades encontra-se a maioria das decisões de compra, caracterizada por um processo limitado de solução de problemas.

O principal determinante da extensão do processo de solução de problemas e, conseqüentemente, do grau de complexidade da decisão de compra, é o *nível de envolvimento* do consumidor com o produto ou serviço em processo de compra. Os autores referenciados, entre outros, expressam a constatação de que o *nível de envolvimento* do consumidor é o fator com maior poder de influência na quantidade de esforços que serão empregados na decisão de compra, determinando, dessa forma, o tipo de processo de decisão de compra a ser empregado.

A literatura sobre o tema apresenta diferentes definições de envolvimento. Entretanto, defendo que a característica essencial no estudo sobre envolvimento é a *percepção de relevância pessoal,* isto é, a constatação de que o nível de envolvimento é decorrente do grau de importância atribuído pela percepção do consumidor em relação a determinado objeto ou situação específica. Relevância pessoal seria a percepção da relação entre as necessidades de um indivíduo, seus objetivos, valores e seus conhecimentos do produto, identificados pelos atributos e benefícios. Quando um conhecimento relevante é ativado na memória, cria-se um estado emocional que orienta consumidores para certos comportamentos. Essa definição, porém, pressupõe a compreensão de três fatores que afetam o nível de envolvimento do consumidor: *pessoal, físico e situacional.*

O *nível pessoal* pode ser definido como o dos interesses inerentes, valores e necessidades que motivam um indivíduo em relação a um determinado objeto; o *nível físico* refere-se às características físicas de um objeto que causam diferenciação e aumentam o interesse e o desejo; o *nível situacional* representa o caráter conjuntural e temporário do qual depende o aumento da percepção de relevância ou interesse em relação a um objeto.

O estudo desses três determinantes do envolvimento tem suas raízes conceituais em 1977, em um trabalho assinado por Houston e Rothschild, com o propósito de superar as inconsistências conceituais até então existentes. Eles desenvolveram uma estrutura que aborda o envolvimento de acordo com as diferentes situações e com as diferenças entre as pessoas. Tal estrutura resultou no chamado "SOR" (*stimulus, organism, response*). O "S" refere-se ao envolvimento externo ao indivíduo, chamado envolvimento situacional; o envolvimento interno "O" é denominado duradouro; e o último decorre da união entre "S" e "O", chamado envolvimento de resposta "R"[12].

Rapidamente, para não mergulhar ainda mais nas profundezas acadêmicas – afinal, este não é o propósito conceitual deste livro – vou abordar as diferenças entre os dois principais tipos de envolvimento: o *situacional* e o *duradouro*.

Envolvimento situacional

O conceito de envolvimento situacional pressupõe que as situações diferem em relação à sua tendência de provocar interesses no consumidor. Houston e Rothschild afirmam que "o envolvimento situacional advém das circunstâncias de uma situação ou decisão de compra, externas ao

---

12. M. L. Rothschild. "Advertising strategies for high and low involvement situations".

indivíduo e dependentes de duas categorias de estímulos: (1) aqueles relacionados ao objeto em si ou à questão pela qual o comportamento está direcionado, sendo variável com o nível de interesse; (2) aqueles emanados do ambiente social e psicológico da ocasião de compra"[13].

Todavia, independente da categoria do estímulo, o envolvimento do consumidor com o processo de compra está fortemente associado a situações em que existem altos riscos vinculados ao resultado dessa compra, ou seja, a percepção de conseqüências negativas. Quanto maior o risco, maior o nível de envolvimento do consumidor. O envolvimento e os comportamentos dele resultantes – como busca de informações – estão diretamente relacionados com o ato da compra e não com o produto ou serviço em questão. Assim, faz-se possível enfatizar que o envolvimento passa a ser o somatório de esforços despendidos por um indivíduo no sentido de assegurar os resultados de uma compra. Ato contínuo à efetuação da compra – e os resultados esperados são encontrados – o envolvimento torna-se desnecessário e, naturalmente, tende a ter o seu nível de intensidade reduzido gradualmente.

Envolvimento duradouro

Envolvimento duradouro significa a relevância pessoal relativa a um produto, serviço ou atividade. Notadamente nesse tipo de envolvimento, a relevância pessoal ocorre porque o indivíduo relaciona o produto, serviço ou atividade

---

13. M. L. Rothschild. *Op. cit.*

com a sua auto-imagem, atribuindo-lhes qualidades hedônicas. Percebendo-os como sendo identificados às normas de um grupo, relaciona-os à sua identidade de consumidor.

A intensidade do envolvimento duradouro é evidenciada por dois tipos de relações: a primeira diz respeito ao vínculo existente entre a experiência prévia do indivíduo e as necessidades genéricas da situação, em que o envolvimento duradouro tende a ser reduzido em uma situação relativamente nova e o tempo seja ainda exíguo para o estabelecimento de uma relação de experiência com o produto ou serviço. Na contrapartida, o envolvimento duradouro passa a ser alto na medida em que o indivíduo tenha experimentado, em ocasiões anteriores, várias vezes o mesmo produto ou serviço. A segunda refere-se à relação entre o sistema de valores de um indivíduo com determinado produto. Valores são referenciais abstratos que traduzem as crenças de uma pessoa sobre modos de conduta. O sistema de valores de um indivíduo representa o conjunto total de valores, ordenados por importância. Dessa forma, é lógico imaginar que o envolvimento duradouro é alto quando um determinado produto ou serviço está relacionado com os valores centrais e mais importantes de uma pessoa.

FATORES QUE INFLUENCIAM O ENVOLVIMENTO

A classificação de envolvimento em *situacional e duradouro* é abordada em grande parte dos livros que estudam o comportamento do consumidor e, em visão mais acurada e pormenorizada, os determinantes desse envolvimento são representados por três tipos de fatores: *(1) os fatores situacionais, (2) os fatores pessoais e os (3) relativos ao produto e suas características físicas.*

Os *fatores situacionais* são os relacionados às características do ambiente físico e social e, atrelados aos atributos de um determinado produto ou serviço, intensificam o sentido de relevância pessoal ao consumidor. São transitórios pois, à medida que os objetivos de uma determinada situação são alcançados, apresentam redução de importância no envolvimento do consumidor. Na literatura sobre comportamentos, encontramos os principais exemplos, de fatores situacionais que influenciam o envolvimento do consumidor, entre os quais destaco os seguintes tópicos:

- as razões para a compra, ou a ocasião em que esteja sendo realizada, como a aquisição de produtos para outras pessoas ou a compra de presentes;
- as pressões sociais que podem surgir, por exemplo, em realizar a compra acompanhado de outras pessoas;
- a necessidade de tomar uma rápida decisão, adicionada à falta de tempo para avaliar as possíveis alternativas e respectivos preços;
- o caráter irrevogável de determinadas decisões, ou seja, compras que, uma vez realizadas, não podem ser refeitas;
- a moda e suas tendências, as quais permanecem por tempo determinado e passageiro.

Os *fatores pessoais* são estruturas duradouras e estáveis da relevância pessoal, representando a relação entre produtos e a manutenção de determinados valores e objetivos, permanecendo relevantes independentemente de situações. O foco está no produto em si, tendo a relevância vinculada ao uso ou consumo que ele proporciona, e não ao estrito ato da compra.

Os *fatores relativos ao produto* tendem a intensificar o envolvimento à proporção que cresça a possibilidade de existência de risco percebido na compra ou uso de determinado produto ou serviço. Isso significa dizer que, quanto maior o risco percebido, maior será a probabilidade de existência de alto envolvimento. Engel, Blackwell e Miniard (2000)[14], Wells e Prensky (1996)[15], destacam situações consideradas como emblemáticas para caracterizar os fatores relativos ao produto, capazes de desencadear diferentes possibilidades de risco:

- número de alternativas disponíveis ao consumidor (quanto maior a variedade, maior o envolvimento situacional);
- diferenciação dos atributos e das características dos produtos, capazes de gerar dúvidas sobre a melhor escolha, situação que eleva o envolvimento situacional;
- valor hedônico do produto ou serviço em questão (alguns produtos, como alimentos, por exemplo, reconhecidamente, são fontes de prazer);

---

14. J. F. Engel; R. D. Blackwell; P. W. Miniard. *Comportamento do consumidor.*
15. W. D. Wells; D. Prensky. *Consumer behavior.*

- visibilidade do produto, expressa pela preocupação que determinados consumidores têm com a forma como são vistos pelos outros (produtos socialmente visíveis e facilmente notáveis demandam alto envolvimento).

Na literatura sobre o tema, a abordagem do risco percebido, invariavelmente, indica ser esse fator um dos principais determinantes de envolvimento situacional. A quantidade de risco que o consumidor percebe na decisão de compra, relacionado à incerteza sobre a decisão e potenciais conseqüências de uma decisão errada, eleva o envolvimento do consumidor.

A variável "risco" está presente em qualquer situação de compra ou consumo dos indivíduos. As decisões de compra do consumidor têm um determinado grau de incerteza ou a difícil condição de prever o risco de conseqüências negativas delas decorrentes. O risco consiste na percepção dessas conseqüências, associada a uma alternativa de escolha. Assim, o "risco percebido" em um processo de tomada de decisão de compra pode ser entendido como uma função crescente da incerteza do consumidor sobre os potenciais resultados de uma ação, e o desprazer associado a alguns desses resultados. Mais especificamente, pode-se dizer que risco percebido é a probabilidade de conseqüências negativas, representando a incerteza do consumidor sobre ganho ou perda de uma determinada transação. Dessa definição emergem duas importantes dimensões de risco: *perdas* e *incertezas*.

O componente "perda" diz respeito a qualquer perigo associado à decisão de compra. São objetivos a que se visa, mas não atendidos. Sob o ponto de vista da psicologia, a noção de perda representa uma situação em que um indivíduo obtém resultado inferior a um determinado ponto de referência objetivado.

O componente "incerteza" relaciona-se ao desconhecimento que o consumidor tem sobre as alternativas de escolha. Essa carência de conhecimento, comum na fase anterior à pesquisa de informações, não raras vezes é evidenciada depois que esta é realizada. Sendo assim, ela atua nas etapas do processo de avaliação ligadas às alternativas de escolha.

Muitos autores têm estudado a variável "risco percebido" no contexto da decisão de compra. Embasado em substratos desses trabalhos, apresento uma classificação que considero a mais adequada à caracterização da citada variável:

- risco funcional, relativo à performance do produto ou serviço;
- risco social, referente à conseqüência social que a aquisição ou uso do produto ou serviço pode causar;
- risco financeiro, atinente à percepção do produto não valer o quanto custa;
- risco psicológico, relacionado às questões de impacto no ego do consumidor;
- risco de perda de tempo, atrelado ao desperdício de tempo para a busca do produto ou serviço.

Enfim, temos lógicas comportamentais que nos acompanham quando enfrentamos situações passadas com traços de similaridade. Essas lógicas, se combinadas com os componentes do envolvimento, que todos igualmente temos em relação a um produto, serviço, atividade ou situação, podem dotar-nos de condições diferenciadas na percepção dos critérios de tomada de decisão de qualquer indivíduo. Assim, geralmente, ao comprarmos um refrigerador, utilizamos critérios de tomada de decisão aproximados aos que dedicamos, por exemplo, à aquisição de uma máquina de lavar roupa. Isso porque, em uma escala de similaridade de atributos (características situacionais de uso, perfil de envolvimento ou riscos percebidos na tomada de decisão), os eletrodomésticos denominados linha branca tendem a ser adquiridos sob a mesma lógica de valorização de benefícios. Da mesma forma, a lógica da compra de perfumes é semelhante à da compra de cosméticos. Ou a da compra de um computador é similar à de um *laptop*, e assim por diante.

Sugiro ao negociador procurar entender previamente a lógica de decisões passadas, utilizada pelo interlocutor para negociações similares. O conhecimento prévio aumenta a confiança do negociador e estabelece a possibilidade de mais facilmente desencadear melhor costura da negociação em busca do "sim". Porém, se esse conhecimento não pode ser obtido preliminarmente, utilize as perguntas situacionais, vitais ou conseqüenciais – arquitetadas dentro dos quatro passos da técnica do *Replay* de compras passadas – para descobrir o tipo de lógica que o interlocutor mostra utilizar com mais freqüência, bem como, quais os modelos de envolvimento e risco percebido ele manifesta diante da negociação em desenvolvimento.

**ARGUMENTAÇÃO PERSUASIVA
CONSTRUÇÃO DE VALOR AO INTERLOCUTOR**

Descubra a necessidade
- Apresente a característica
- Mencione a vantagem
- Enfatize o benefício

Reforçar valor ao interlocutor
- Articuladores mentais e contundências verbais
- Histórias, metáforas e exemplos

Construção de valor ao interlocutor

A argumentação persuasiva é uma fase na qual, utilizando os três pilares construtores da persuasão (retórica, argumentação e sedução), o negociador foca em táticas importantes para construir e reforçar, no interlocutor, a percepção de valor ao que está sendo externado, servindo como apoio à satisfação das necessidades ou soluções de problemas evidenciados na fase inicial da negociação.

Quando comecei a trabalhar em vendas, aprendi uma seqüência lógica de estruturar uma exposição argumentativa focada na técnica de treinamento: PSSII

(*Professional Selling Skills Two*), uma abordagem de alto impacto que foi por muitos anos, referencial de qualidade mundial no desenvolvimento de profissionais de vendas. Ela consistia, *lato sensu*, no seguinte rito:
a. Ao descobrir necessidades do cliente, não perca tempo, parta para apoiar tais necessidades;
b. O apoio às necessidades deve ser feito apresentando, inicialmente, a característica do seu produto ou serviço que se relacione à satisfação dessa carência;
c. Ato contínuo, emendando com a característica, mencione as vantagens decorrentes da existência da característica;
d. E, finalmente, enfatize um ou mais benefícios resultantes da vantagem obtida.

A LÓGICA CVB EM VENDAS

- **Apresente a característica**
- **Mencione as vantagens**
- **Enfatize os benefícios**

Característica = o que o produto/serviço tem
Vantagem = como o produto/serviço faz
Benefício = o que o cliente ganha (valor agregado)

Em vendas, a *lógica CVB* é muito simples: a *característica* representa o que o produto (ou serviço) possui como atributo funcional; a *vantagem*, o que ele é capaz de fazer ou como pode fazer; e o *benefício*, o que o cliente ganha ao utilizar o produto ou serviço. Ou seja, o *benefício* é o que chamamos de *valor agregado* percebido pelo cliente, sendo assim, a parte persuasiva da lógica. A *característica* e a *vantagem* servem para dar lastro à apresentação do *benefício*. Sozinhas, não valem nada em nível de persuasão. Porém, colocadas no seqüencial CVB permitem melhor compreensão do interlocutor à argumentação do negociador.

Descobri isso já nas minhas primeiras visitas de vendas na Xerox. Recordo-me que, na época, a empresa lançara uma máquina copiadora com funções para produzir cópias reduzidas e cópias ampliadas, além do tamanho normal largamente utilizado e conhecido. Era uma novíssima característica, causando um grande assanhamento em todos os vendedores. Não havia quem deixasse de fazer previsões sobre as grandes quantidades a serem vendidas a partir desse lançamento.

Entretanto, passados uns dois meses da disponibilidade do equipamento ao mercado, o resultado de vendas estava muito aquém do esperado. E o porquê disso? As explicações eram muitas e, quase todas, recaíam sobre o fator preço, mais elevado do que o aplicado em equipamentos até então utilizados. Mas, uma análise mais profunda constatou que, embora o preço fosse um elemento importante no contexto decisório do cliente, não era ele o moto-propulsor do baixo índice de vendas do produto. O problema era outro: a argumentação da força de vendas estava concentrada em características e vantagens e não nos benefícios que o cliente poderia ter ao adquirir o novo produto.

– *Temos aqui a Xerox 1035, o novo modelo da Xerox com a inédita função de reduzir ou ampliar cópias. O senhor pode reduzir em quatro escalas e ampliar em duas escalas, sem contar a escala normal, na qual as cópias saem no tamanho original. Esta é a única máquina do mercado a fazer isso, o modelo é...*

Em suma, a argumentação era um corolário de características permeadas com alguns suspiros de vantagens, porém nada de benefícios. A característica despertava interesse, mas nunca desejo. Falar como a copiadora era e como fazia cópias, soava interessante enquanto notícia. O problema era quando o preço, mais alto, era apresentado ao cliente: este quase caía da cadeira, pois não percebia valor nas funções "ampliar e reduzir" para custar muito mais do que a copiadora por ele utilizada.

A solução foi reunir a força de vendas e, fazendo um *workshop* utilizando a técnica de *brainstorming*, elencar uma série de benefícios decorrentes do uso da nova copiadora no ambiente de trabalho do cliente. Pronto! A diferença pôde ser notada na primeira semana *pós-workshop*. A argumentação, antes concentrada em *características* e *vantagens*, agora recebia o incremento decisivo do *benefício*, desencadeando novas vendas e, conseqüentemente, resultados a cada dia mais crescentes.

– *Temos aqui a Xerox 1035, o novo modelo da Xerox com a inédita função de reduzir ou ampliar cópias. O senhor pode reduzir em quatro escalas e ampliar em duas escalas, sem contar a escala normal, em que as cópias saem no tamanho original. Utilizando esta copiadora, o senhor poderá padronizar melhor os seus documentos para guardá-los em um mesmo tamanho de pastas, evitando gastos com pastas modulares e economizando espaços em suas prateleiras.*

Observe que a primeira parte da argumentação se mantém inalterada, com a apresentação de características e vantagens. A diferença está na complementação com os benefícios da "padronização" dos documentos e na conseqüente "economia" de espaço na prateleira.

Utilizando essa seqüência, o vendedor aguçava no cliente a famosa "relação custo-benefício", tão comentada para justificar decisões de compra de produtos ou serviços de preços superiores.

Há vinte anos, essa técnica de apoiar uma necessidade era quase infalível para quem vendesse copiadoras. Porém, o que impressiona é essa seqüência expositiva ser, até hoje, a estrutura mais adequada para construirmos percepção de valor em uma negociação.

Não importa o que esteja sendo negociado – um produto, um serviço, um conflito, uma solução ou, até mesmo, uma idéia. Evidenciar uma característica adequada, atrelada a uma vantagem e, principalmente, um benefício dela advindo, proporciona consistência persuasiva à argumentação. E, inserido dentro de uma retórica e do envolvimento pertinentes à ambiência situacional da negociação, potencializa exponencialmente a força positiva do conteúdo exposto.

Reforço de valor ao interlocutor

Uma das grandes habilidades persuasivas de um negociador baseia-se no uso de palavras para orientação de pensamentos e emoções dos interlocutores. Apropriando-nos de subsídios presentes no livro *Modernas técnicas de persuasão*[16] (Moine e Herd), podemos definir dois grupos de habilidades verbais com forte poder de influência no contexto decisório de uma negociação: as *articulações mentais* e as *contundências verbais*.

ARTICULAÇÕES MENTAIS

Articuladores/Habilidades de conexão
Intensidade

Reduzida	Média	Ampliada
E	Como	Fazer
Ou	Durante	Causar
Mas	Enquanto	Força
Logo	Desde	Implicar

□●□□

Articulações mentais

São aquelas palavras apropriadas para potencializar a influência. Funcionam por meio de uma conexão inquestionavelmente verdadeira com algo que o negociador pretenda ser percebido pelo interlocutor na

---

16. D. Moine; J. Herd. *Op. cit.*

exposição em desenvolvimento. São palavras quase sempre curtas, porém carregadas de poder.

Elas podem ser denominadas *articulações fracas* (ex. *e, ou, mas*), quando representam uma simples associação de dois eventos articulados. Por exemplo:

– *Veja bem, observo que você está aqui parado, em frente ao equipamento, "e" noto que talvez esteja pensando no quanto ele pode representar em eficiência para o seu trabalho.*

Por outro lado, quando essas articulações afirmam uma conexão necessária entre dois eventos, elas são denominadas de *articulações fortes* (ex. *fazer, causar, forçar, requerer).* Por exemplo:

– *Só de olhar, este vestido "faz" com que você queira comprá-lo.*

Completando a classificação, entre as *articulações fracas* e *fortes* existem as de intensidade média. Neste conjunto, incluem-se expressões do tipo *como, enquanto, durante* ou *desde.*

As *articulações mentais* funcionam, especialmente, por um princípio humano básico: nós sempre estamos fazendo ligações entre eventos, eles tenham ou não relações entre si. É da nossa natureza ver, ouvir ou sentir coisas, e chegarmos a julgamentos de causa e efeito. Em nível prático, a lógica do uso de *articulações mentais* (ou *conectores verbais*) recomenda utilizar:

a. *Articulações fracas* para a fase inicial da negociação;

b. *Articulações médias* no transcurso da negociação;

c. *Articulações fortes* para o desencadeamento do fechamento da negociação.

Contundências verbais

São aquelas palavras comuns que dão a impressão de específicas e eficazes, mas, na realidade, são máscaras verbais com alto poder persuasivo na mente de quem as escuta. Elas projetam poder e transmitem confiança. E mais: por soarem absolutas, transmitem tranqüilidade e facilitam ao interlocutor tomar uma decisão positiva.

CONTUNDÊNCIAS VERBAIS
Contundências/Habilidades de definição
Contundências conclusivas
Certamente, indubitavelmente, obviamente, definitivamente, sem dúvida, completamente, absolutamente etc.
Contundências superlativas
(O) maior, (o) mais rápido, (o) mais lento, (o) mais forte, (o) mais barato, (o) melhor, (o) mais respeitado etc.
Contundências reducionistas
(O) menor, (o) menos caro, (a) pior conseqüência, (o) menos eficiente etc.

A força persuasiva das *contundências verbais* está na capacidade que elas geram de induzir o interlocutor à ação exercendo um forte poder de sugestão. Elas encaminham o pensamento do interlocutor para linhas predeterminadas, fazendo com que seja desenvolvida uma expectativa positiva em relação àquilo que está sendo ouvido. Por exemplo, quando dizemos a alguém: "este é o 'melhor' conjunto de ações que poderia ser tomado", tudo o que dissermos depois dessa afirmação será interpretado como integrante desse "melhor".

Defino as contundências em seus três tipos: (1) as *contundências conclusivas* são aquelas com grande caráter definidor de determinada situação ou argumentação apresentada, tendo, especialmente, o uso de advérbios como a tônica característica da sua utilização; (2) as *contundências superlativas* procuram diferenciar o objeto da exposição dentro de um contexto qualitativo ou quantitativo, em que expressões do tipo *maior, mais* e *melhor* assumem a frente nas caracterizações verbais; (3) *as contundências reducionistas,* de maneira similar, mas em sentido inverso às *contundências superlativas*, enfatizam uma avaliação qualitativa e quantitativa de minimização, por meio de palavras como *menor, menos* e *pior*.

Particularmente, uso com freqüência as *lógicas conectivas* (articuladores mentais) em minhas argumentações, especialmente as *contundências verbais*. Combino-as com o uso de linguagens não-verbais para maximizar a sua eficiência e, sobretudo, auxiliar-me a contornar eventuais entraves à fluência oral resultantes da gagueira. E, mais uma vez, tenho aí um exemplo de limão que vira limonada. Ao utilizar as *contundências verbais*, inseridas dentro de ênfases e pausas estrategicamente colocadas no contexto da fala, tenho observado o ganho na força persuasiva das minhas argumentações. Experimente, você mesmo, fazer o teste: procure em seus diálogos, ao argumentar sobre algo, adicionar o tempero de uma *contundência verbal* em suas frases e observe o impacto assertivo que estará projetando no seu interlocutor. Obviamente, recomendo cuidado para a contundência não ser confundida com agressividade verbal. Nesse caso, o efeito é contrário e de igual intensidade. Afinal, assim como a genialidade e a loucura estão separadas por um fio tênue e facilmente rompível, a contundência e a agressividade também sofrem da fragilidade separatista, podendo, a qualquer momento, haver uma reversão indesejável de expectativa por parte de quem as interpreta.

HISTÓRIAS, METÁFORAS E EXEMPLOS

- Estimulam a imaginação
- Simplificam o entendimento
- Emocionam o interlocutor
- São inesquecíveis

Algumas páginas atrás, ao abordar os elementos estruturais da persuasão, comentei sobre a retórica (elemento que dá a forma persuasiva), a argumentação (que fornece o conteúdo persuasivo) e, por último, a sedução (responsável pelo envolvimento persuasivo). E todos, utilizados de maneira harmônica, constroem a essência da força persuasiva.

Quero, agora, abordar um pouco mais sobre esse último elemento, a sedução. Antes de tudo, cabe uma ressalva: a sedução aqui referida não se trata, pelo menos teoricamente, da sedução amorosa (muito embora relações amorosas exijam negociações permanentes e, nesse caso, a sedução a ser utilizada no processo tenda a ser aquela definida pelo sentido idílico da palavra).

Mas voltemos ao sentido amplo do substantivo sedução, cuja caracterização reflete a capacidade que uma pessoa tem de produzir envolvimento na outra. Esse é o sentido que, neste contexto, eu quero focar. Pergunto: qual a melhor maneira de desencadear uma atmosfera de envolvimento entre o emissor e o receptor de uma mensagem? Cientificamente não teria uma resposta adequada. Porém, empiricamente, sou capaz de afirmar, sem medo de errar: nada envolve mais alguém do que uma história bem-contada, uma metáfora bem arquitetada ou uma ilustração elucidativa com exemplos práticos.

Histórias, metáforas ou exemplos influenciam a imaginação de quem escuta ou vê, provocando sonhos, construindo conceitos, proporcionando vida aos objetos ou propósitos de uma negociação. Além dos estímulos inegáveis provocados, ao utilizar uma história, metáfora ou exemplo, o negociador estabelece uma forma cognitiva de apresentação, facilitando a compreensão do interlocutor.

Porém, entendo que a principal característica do uso de histórias, metáforas ou exemplos reside no forte envolvimento que produz quando bem aplicado, pertinentemente colocado e inteligentemente correlacionado com o universo argumentativo da negociação. Quando isso acontece, torna-se inesquecível e criam marcas permanentes na mente do interlocutor.

DICAS PARA UTILIZAR HISTÓRIAS, METÁFORAS OU EXEMPLOS

- Observe para que elas sejam relacionadas com a negociação, ou com o interlocutor, para haver aderência de sua parte
- Ajuste a linguagem – verbal e não-verbal – para os canais de comunicação do interlocutor (visual, auditivo e cinestésico)
- Construa histórias, metáforas e exemplos com simplicidade
- Verifique o conteúdo emocional da história, metáfora ou exemplo para que possa ser provocado no interlocutor o tipo de emoção que se deseja

---

A utilização dessas ferramentas persuasivas, no entanto, requer habilidade de emprego adequado, caso contrário, elas podem gerar desdobramentos nefastos aos objetivos pretendidos na negociação.

Entre as lógicas para o uso correto de histórias, metáforas ou exemplos destaco quatro pilares fundamentais à construção de uma argumentação persuasiva eficaz que, efetivamente, proporcione ao negociador condições de transformar essas ferramentas em poderosos aliados em busca do "sim".

O primeiro pilar é a necessidade de a história, a metáfora ou o exemplo utilizado ter *pertinência ao contexto ou objeto da negociação que se realiza*. Sem esse cuidado, o negociador corre forte risco de inserir algo inapropriado, em nada contribuindo à aderência do interlocutor ao que está sendo exposto.

O segundo é o *adequado uso da linguagem aos canais de comunicação do interlocutor*. Ou seja, se ele mostra ter o canal visual como o seu favorito, reforce, na construção histórica, metafórica ou exemplar, o uso de palavras "colírio para os seus olhos"; se a preferência for pelo auditivo, enfoque com maior intensidade as palavras "música para seus ouvidos"; e se o canal cinestésico apresentar maior saliência, utilize palavras que "lavam a alma" desse interlocutor. Além da observância aos canais de comunicação do interlocutor, uma outra adequação importante é a relacionada com o tipo de vocabulário a ser utilizado. O perfil do interlocutor determina o estilo vocabular a ser adotado. Não há nada mais distanciador, em termos de *rapport*, do que o uso demasiado de palavras pouco familiares aos ouvidos de um interlocutor. Uma inserção, natural e harmônica, de um ornamento retórico mais elaborado até pode ser aceitável e, por vezes, gerar uma singularidade interessante ou externar marca pessoal diferenciada; no entanto, ficar despejando sucessivos termos técnicos, terminologias rebuscadas ou citações pseudo-eruditas, indecifráveis para quem as escuta, pouco constrói e, sobretudo, prejudica a sintonia entre as partes.

O terceiro pilar é a *preocupação em estruturar as ferramentas ilustrativas de forma simples* para facilitar o entendimento do interlocutor. Porém, simplicidade não significa pobreza expositiva. Ao contrário, ao apresentar uma história, metáfora ou um exemplo, o negociador deve carregar no efeito retórico apropriado, bem como desenvolver uma atmosfera de sedução expositiva capaz de tornar o interlocutor envolvido na exposição. A simplicidade deve ser aplicada à arquitetura cognitiva da mensagem, nunca à riqueza de técnicas persuasivas do elemento emissor dessa mensagem.

O quarto – e último – pilar é exatamente a *importância a ser dada pelo negociador ao conteúdo emocional da história, metáfora ou exemplo.* O negociador deve avaliá-lo bem antes de externá-lo ao interlocutor. Essa análise deve considerar os possíveis impactos decorrentes do seu uso. Explico: muitas vezes imaginamos buscar uma coisa com um recurso histórico ou metafórico e, diversas vezes, a percepção do que falamos é outra, diametralmente oposta à expectativa que projetamos. Por exemplo, desejamos que o interlocutor se emocione e, ao inverso, ele manifesta sentimentos de irritação com o conteúdo ou forma da mensagem. Ou, ainda, desejamos, com uma história, provocar risadas e o resultado é uma incontrolável crise de choro. Assim, saber avaliar previamente os eventuais riscos de incongruências perceptivas é fator fundamental à boa eficácia desses recursos.

Vou dar um bom exemplo da força de uma história como elemento marcante e decisivo à persuasão. Como mencionei na parte inicial deste livro, tenho o costume de sempre iniciar as minhas palestras com um *hook*, o gancho, cujo conteúdo deve estar sempre atrelado ao contexto expositivo da apresentação que dele se sucederá. Uso-o das mais diferentes formas, seja com histórias curtas, metáforas bem-humoradas ou um rápido exemplo relacionado aos conceitos que exponho posteriormente à platéia.

Até hoje, entretanto, nenhum *hook* que utilizei foi tão impactante quanto o introduzido neste livro. A história da minha trajetória pessoal, confesso, tornou-se um emblema das minhas palestras e, digo mais ainda, às vezes fico até um pouco assustado em dela me tornar refém. Ultimamente, ao ser contatado para efetuar uma palestra, seja para temas como Criatividade, Marketing ou Vendas, sempre me fazem uma solicitação complementar – ou melhor, uma exigência complementar – para eu "não deixar de inserir na palestra o *hook* da minha trajetória de engenheiro a vendedor". Um caso típico a comprovar a força de uma história que, inserida em um contexto argumentativo, assume proporções imensas, transcendendo ao simples momento expositivo, entranhando-se na mente das pessoas e, por conseqüência, gerando um processo de "comunicação boca a boca" espontâneo entre aqueles que experienciaram a história contada e os outros motivados a querer conhecê-la.

E, "cá pra nós", sem que ninguém nos ouça (*risos*), desnudando a minha estratégia de contextualização comercial deste livro, você saberia me dizer um dos objetivos da inserção da minha história aqui?

Brincadeiras à parte, o poder persuasivo de uma história, metáfora ou exemplo é tão forte que cabe, inclusive, o aprofundamento de pesquisas científicas para avaliar e mensurar a sua real capacidade.

SINAL DE COMPRA DO INTERLOCUTOR

Fique atento aos sinais de compra do interlocutor

- Atitude de aceitação ou concordância extremada à argumentação persuasiva
- Linguagem não-verbal nitidamente positiva durante a argumentação persuasiva
- Perguntas reveladoras de forte interesse de aceitação ao conteúdo expositivo

---

SINAL DE COMPRA

No transcurso das considerações que emite, o negociador deve estar permanentemente atento às reações do interlocutor em relação aos conteúdos contidos na argumentação, especialmente àquelas comumente chamadas de *sinais de compra do interlocutor*.

Esses sinais – ou reações pessoais instantâneas – são *atitudes tomadas que refletem aceitação ou concordância extremada à argumentação persuasiva* do negociador. Eles podem ser verbais ou expressos em *linguagens não-verbais, nitidamente positivos, manifestados no decorrer do diálogo*.

> **EXEMPLOS DE SINAIS DE COMPRA (1)**
>
> **Perguntas sobre disponibilidade ou tempo**
> Vocês têm esse produto em estoque?
> Com que freqüência chegam novas remessas de mercadorias?
> **Perguntas sobre entrega**
> Quando o produto vai estar disponível?
> Vocês me avisam quando a mercadoria chegar?
> **Perguntas sobre garantias**
> De quanto tempo é a garantia desta televisão?
> **Perguntas sobre suporte pós-venda**
> Em caso de dúvidas, vocês tem uma central de atendimento para me instruir como utilizar o produto?
> **Perguntas sobre clientes satisfeitos**
> Você poderia me indicar alguns clientes que já compraram aqui ou usam este produto?
>
>

Outros fortes indícios de sinal de compra são as *perguntas reveladoras de interesse mais aprofundado ao conteúdo que esteja sendo apresentado*. É muito comum, por exemplo, o interlocutor solicitar ao negociador maiores explicações ou confirmações de entendimento acerca de um determinado assunto, característica, vantagem ou benefício exposto ao longo da argumentação.

Bem, e o que fazer quando esses sinais são detectados?

Não perca tempo! Sinal de compra é como uma senha fornecida pelo interlocutor para que o negociador possa desencadear o processo de "fechamento da negociação", ou seja, é a chave de partida para o caminho desembocar no "sim". Muitos consideram o fechamento

EXEMPLOS DE SINAIS DE COMPRA (2)

Perguntas de redução de insegurança
Eu poderia fazer um *test-drive* deste carro por dois dias?

Aceitação de argumentações
Eu não sabia que...
Ah, se o som tem esta qualidade, realmente é muito superior ao modelo que eu havia visto...
Isto fecha bem o que queremos fazer...

Solicitação de repetição de informação
O que você falou sobre a forma de financiamento?

Declarações de crítica sobre compras anteriores em outros concorrentes
Na outra vez que comprei um parecido, a demora para entregar foi muito grande. Em quanto tempo vocês me entregariam?

a etapa mais importante em uma negociação ou venda. Particularmente, embora o julgue fundamental, não o considero auto-suficiente e, sobretudo, excludente das etapas preparatórias. Isso significa dizer que o sucesso do fechamento terá maior probabilidade de ocorrer, caso a *construção de rapport* tenha sido obtida, a *identificação de necessidades do interlocutor* realizada de forma consistente, a *detecção dos critérios de tomada de decisão* plenamente reconhecida, a *argumentação persuasiva* intensa e convincente e os *sinais de compra* suficientemente fortes para gerar confiança e convicção do negociador na escolha do momento certo para partir ao desfecho conclusivo da negociação.

Fazendo analogia com um jogo de futebol, poderíamos dizer que o fechamento é como um "gol". Ele até pode acontecer de uma jogada individual, ocasional ou pouco trabalhada coletivamente. Contudo, a goleada somente ocorre quando a equipe é equilibrada, estruturada, com plena sintonia e integração de jogadas iniciadas na defesa, desenvolvidas pelo meio-campo e, finalmente, concluídas no ataque.

Portanto, nada de tentar fazer o gol no "abafa", de qualquer jeito, em um desespero que, na melhor das hipóteses, redundará em chances reduzidas de efetivação. Ao contrário, trabalhe bem a bola na defesa, fazendo um bom *rapport e* identificando as necessidades e critérios decisórios do interlocutor; depois, entregue a bola para o meio-campo articular a melhor jogada, com base em uma argumentação persuasiva adequada para encontrar o espaço ao aparecimento de bons sinais de compra; então, dê um passe preciso ao ataque e deixe que ele promova um fechamento seguro, objetivo e efetivo em busca do gol, em outras palavras, em busca do "sim".

FECHAMENTO

Encontrar um sinal de compra forte o suficiente para iniciar o processo de definição da negociação: este é o primado básico a ser considerado para o *start* do *fechamento*. O negociador deve atentar para uma correta qualificação do sinal de compra. Ele deve ser forte o

ESTRUTURA BÁSICA DE FECHAMENTO

1º) Encontre um sinal de compra suficientemente forte para iniciar o fechamento.
2º) Resuma enfaticamente os benefícios aceitos pelo cliente que motivaram os sinais de compra e, sempre que possível, busque confirmações por meio de concordâncias parciais.
3º) Obtenha a concordância final do interlocutor e assuma uma postura assertiva de fechamento da negociação.

suficiente para justificar tal procedimento conclusivo, minimizando, dessa forma, eventuais objeções do interlocutor, seja por falta de atributos necessários à decisão, seja por incompreensão de outros atributos expostos, ou ainda, pela percepção de desvantagem, ceticismo ou indiferença ao conteúdo apresentado.

Na falta de um sinal de compra mais efetivo, recomendo observação à existência de um conjunto de sinais de compras mais moderados que, integrados, assumam consistência e força suficientes para motivar o *fechamento*. O negociador deve registrar os atributos da sua argumentação aceitos pelo interlocutor (aceitações parciais) para, posteriormente, utilizá-los quando começar a estruturar o *fechamento*. Ou seja, quando pressentir o momento de partir para o fechamento, o negociador deve *relembrar, resumidamente, os pon-*

> **FECHAMENTO COM PERGUNTAS**
>
> **Regra básica**
>
> Use o sinal de compra do cliente para confirmar a venda com perguntas.
>
>

tos positivos da sua argumentação (características, vantagens e benefícios) manifestamente aceitos pelo interlocutor, buscando nova concordância parcial. Relembradas todas as principais aceitações e conseqüentes concordâncias, o fechamento pode ser concluído com a utilização de técnicas adequadas a cada situação e perfil comportamental do interlocutor.

Outro fio condutor ao fechamento pode ser a tática de *fechamento com perguntas*. A regra de uso desta técnica, adaptada dos fundamentos expressos por Jeffrey Gitomer, em seu livro *A bíblia de vendas*, consiste em aproveitar os sinais de compra, manifestos pelo interlocutor sob forma de perguntas, devolvendo-os com outra pergunta indutora de uma nova manifestação de interesse ainda mais forte. Gitomer denomina esta pergunta devolvida de "pergunta de confirmação".

Pode acreditar, os resultados advindos do uso desta técnica são muito bons. Quando bem aplicada, praticamente, define a negociação e rapidamente leva o interlocutor ao "sim" desejado.

Por exemplo, suponhamos um cenário em que a negociação envolva um vendedor de uma concessionária de automóveis e um interlocutor interessado em adquirir determinado veículo. Vamos acompanhar agora um possível diálogo em que o interlocutor manifesta um *sinal de compra* (SC) sob forma de pergunta, e o vendedor de automóveis utiliza *perguntas de confirmação* (PC) em devolução ao *sinal de compra*:

SC = *Vocês têm este modelo?*
PC = *É esse o modelo que o senhor deseja?*
SC = *Você poderia conseguir um verde?*
PC = *O senhor gostaria dessa cor?*
SC = *Vocês entregam na terça?*
PC = *Seria esse o melhor dia para o senhor?*

Observe que o vendedor estaria aproveitando as perguntas de interesse, considerando-as como um *sinal de compra*, e testando a sua intensidade com uma outra *pergunta de confirmação*. A força do sinal poderá então ser mais bem mensurada pelo conteúdo da resposta do interlocutor à pergunta de confirmação.

Vejamos o seguinte quadro: o interlocutor, por exemplo, na primeira sondagem exemplificada, responde à *pergunta de confirmação* com um conteúdo do tipo:

> **O SEGREDO PARA FORMULAR BOAS PERGUNTAS DE CONFIRMAÇÃO**
>
> - Observar atentamente as reações do interlocutor
> - Entender o sinal de compra
> - Formular perguntas sem pressionar o interlocutor
> - Treinar muito e praticar sempre
>
>

– *Sim, eu desejo um modelo mais esportivo, e este me parece bem adequado ao que eu desejo...*

Aí não temos dúvidas, o interlocutor "mordeu a isca e foi pescado". A partir daí, é desencadear o processo de fechamento, utilizando a lógica estrutural apresentada: resumir os atributos e benefícios já aceitos e realimentar as concordâncias parciais para dar mais consistência à concordância final.

O fechamento sob forma de perguntas é tão eficiente quanto perigoso. O perigo a que me refiro é o negociador deixar transparecer uma dose elevada de pressão e ansiedade sobre o interlocutor, refletindo uma certa pressão em busca do "sim". E isso, em absoluto, pode ser considerado positivo. Alguns treinamentos comerciais, em épocas passadas, sob um rótulo de "técnicas de vendas de alto impacto", consideravam essa pressão no fechamento algo salutar e até recomendável ao vendedor, especialmente em clientes indecisos ou mais analíticos nas tomadas de decisões.

Hoje, contudo, o cenário é outro. As negociações presenciais tendem a ser muito mais relacionais do que transacionais e, nesse contexto, um fechamento que privilegie a tomada de decisão por envolvimento e pleno convencimento de todos os ganhos obtidos em um acordo ou uma venda passa a ser a pedra angular para satisfações mútuas e percepção recíproca de um desfecho positivo a ambas as partes da negociação.

Excluindo o perigo mencionado, o uso das *perguntas de confirmação* é muito apropriado a qualquer ambiente de negociação. Embora não exista uma fórmula específica de recomendação de pertinência aplicativa, sugiro alguns procedimentos para melhorar a habilidade no uso dessa técnica: (1) *observe atentamente as reações do interlocutor*, sejam elas verbais ou não-verbais; (2) *procure entender a natureza do sinal de compra do interlocutor* para melhor ponderar – ou apoiar o atributo ou benefício aceito na hora do fechamento; (3) *formule perguntas, evitando pressionar o cliente a tomar uma decisão imediata à resposta*, isto é, faça perguntas cujas respostas produzam no interlocutor uma sensação de autoconvencimento à tomada de decisão; (4) *treine muito* e *pratique sempre*.

O treinamento é a base para os bons resultados. Alguns autores, com trabalhos sobre vendas, chegam a afirmar que a atividade comercial é um processo baseado em 99% de transpiração e 1% de inspiração. Não chego a tal exagero, pois, se assim concordasse, estaria reduzindo a importância dos conhecimentos e dos talentos pessoais que considero indispensáveis para a arte de negociar. Mas, sem dúvida, a transpiração deve estar colocada no mesmo patamar de outras virtudes pessoais inerentes a um bom profissional nessa atividade.

Todo o processo de negociação é desenvolvido com um único objetivo: a obtenção de um acordo ou de uma venda. Assim, a aceitação ao proposto passa a ser a principal meta do negociador quando ingressa neste estágio da negociação. Com o intuito de melhor encaminhar esta etapa, é possível determinar algumas técnicas de finalização que poderão auxiliar na maximização da eficiência de condução desse processo.

TÉCNICAS MAIS USUAIS DE FECHAMENTO

- Técnica ativa
- Técnica das alternativas
- Técnica do imagine
- Técnica das dificuldades
- Técnica da degustação

Técnica ativa

Esta técnica é muito utilizada quando o interlocutor constata a existência de vários sinais de compra no decorrer da negociação e sente condições favoráveis para buscar a finalização. Os sinais de compra, relembrando, são as manifestações de aceitação do interlocutor ao exposto e o sentimento de concordância com os benefícios apresentados pelo negociador.

Nestes casos, o negociador deve procurar enumerar os benefícios aceitos pelo interlocutor, evidenciando as manifestações de concordância já expressas ao longo da negociação e, de forma direta, procurar a finalização.

Uma variação desta técnica também é empregada quando o interlocutor apresenta traços de insegurança latentes e comportamento hesitante durante a negociação. Ela serve para estimular o cliente a tomar alguma atitude que ajude as suas decisões. O negociador, nessas situações, deve adotar uma postura positiva e conduzir o interlocutor ao acordo. A linguagem não-verbal e a firmeza nas colocações são fundamentais para o êxito da negociação.

Exemplo:

– *Seria interessante que o senhor mostrasse o local onde os equipamentos serão instalados. Haveria algum inconveniente para vermos agora?*

(Nesse momento, o negociador pode já ir levantando lentamente, como forma de induzir o interlocutor a mostrar o local.)

Técnica das alternativas

Consiste em propiciar ao interlocutor duas ou mais opções de escolha. Dessa maneira, o negociador praticamente obriga o interlocutor a selecionar uma das alternativas e, seja qual for a escolhida, ela será ajustada ao interesse do negociador, servindo de suporte para a concretização final do acordo.

Exemplo:

– *Noto que o senhor vê com simpatia a opção por nossos serviços. Por favor, qual a melhor alternativa de contrato que o senhor definiria: uma com pagamentos mensais fixos, sem adicionais por chamadas extras, ou prefere fazê-lo sem valores fixos e pagar somente quando os serviços forem executados por chamadas feitas?*

Seja qual for a opção adotada pelo interlocutor, ela será harmônica com os interesses do negociador e evidencia uma clara manifestação de concordância final.

Técnica do imagine

Esta é uma técnica para ser usada com interlocutores que não gostam de pressão na hora de decidir, e com aqueles que pedem tempo para decidir, retardando o desfecho da negociação. O uso da técnica ajuda a amenizar a tensão presente nos momentos decisórios, despertando no interlocutor atenção às vantagens decorrentes da aceitação dos argumentos externados, sem deixá-lo comprometido com a necessidade de decisão imediata. A adesão vai sendo feita paulatinamente, em um verdadeiro "passo a passo" (decisões parciais).

Exemplo:

– *Vamos imaginar que o senhor decida pela compra deste sistema de comunicação. O que o senhor gostaria de implementar primeiro, o canal de voz ou o de dados?*

A colocação feita no aspecto "condicional" vai retirando do interlocutor o estigma do compromisso, suavizando a pressão para finalizar a negociação e, por conseqüência, facilitando a tomada de decisão. Neste processo, à medida que o interlocutor toma uma decisão parcial, fica mais fácil conduzi-lo a uma segunda, terceira ou quarta decisão, até, finalmente, chegar à decisão final.

Outras expressões-chave podem ser usadas para o desencadeamento dessa técnica:

– *Em caso de...*

– *Suponhamos que o senhor...*

– *Caso o senhor decida...*

– *Caso surja a oportunidade de...*

Técnica das dificuldades

É muito comum o sentimento de desejo se aguçar nas pessoas que sentem certas impossibilidades de atingir os seus objetivos, ou mesmo, correm o risco de perda por adiamento. Essa tendência de comportamento deve ser a base para a utilização desta técnica.

Fatores como prioridades no prazo de entrega, dificuldade para a obtenção de um determinado modelo, fim de promoção, lista de espera, risco de um concorrente "sair na frente", entre outros, são variáveis utilizadas no emprego desta técnica.

Exemplo:

– Segundo os estudos que realizamos em conjunto com a sua Diretoria de Tecnologia, a redução nos custos mensais de despesas com telecomunicação, com a utilização de nosso sistema, ultrapassa os 20%. O prazo para colocar em prática todo o sistema, em média, fica em torno de noventa dias. Todavia, se o aceite for dado até o final desta semana, temos condições de colocá-lo como prioridade e instalá-lo em trinta dias. Se o senhor entender que pode definir a compra neste período eu ligo agora para nossa central de registros e peço reserva até sexta-feira. A decisão é sua. O senhor pode me adiantar algo neste sentido?

Aplicada corretamente, em ocasiões e interlocutores adequados, a *técnica das dificuldades* funciona bem e ajuda a acelerar o processo de tomada de decisão. Entretanto, o negociador deve ter sempre presente a necessidade de sintonia com a realidade contextual da negociação. Fazer colocações enganosas, desconexas ou visivelmente maquiadas para forçar uma decisão pode gerar insatisfações e comprometer um acordo que contemple a satisfação mútua.

Técnica da degustação

Um dos fundamentos mais eficientes na construção de valor para uma pessoa é proporcionar-lhe momentos de experiência em relação a um determinado produto, serviço ou solução. Especialmente àquelas com perfil cinestésico, o ato de vivenciar, experimentar ou sentir gera uma força persuasiva invulgar, sendo, muitas vezes, fator fundamental à tomada de decisão em um processo de compra.

A *técnica da degustação* enfoca exatamente este aspecto experiencial. Oferecer a oportunidade de fazer um *test-drive* na compra de um veículo, por exemplo, pode ser mais intenso do que a melhor das argumentações orais que o vendedor de automóveis possa utilizar para persuadir um potencial comprador. Assim, sempre que o negociador perceber como interlocutor alguém com forte preferência pelo canal de comunicação cinestésico, é muito interessante dispor de opções que viabilizem a *degustação* do produto. O poder do envolvimento que se apodera do interlocutor, nesse momento, cria vínculos fortes, motivações irresistíveis e significativa inclinação à decisão de compra.

Vou dar um exemplo pessoal. Como disse anteriormente, tenho um perfil predominantemente cinestésico e, como tal, sou eminentemente sangüíneo nas minhas relações, superlativo em emoções e intenso em qualquer atividade que decida fazer. Pois bem, vou procurar reconstruir uma situação acontecida quando eu tinha 18 anos e, pela primeira vez, fui a uma loja comprar um traje social, utilizando para a aquisição o meu primeiro salário de estagiário.

Cheguei na loja recomendada por um amigo e solicitei ao vendedor mostrar-me algumas peças. Depois de muito experimentar, escolhi um traje azul-marinho, com corte desestruturado, casual e moderno. Ao perguntar o preço, porém, fui surpreendido com um valor que consumia mais da metade do meu parco salário de estudante em aprendizado.

Olhei para o vendedor e, com uma ingênua franqueza, disparei:

– *Pô, cara ! Tudo isso? É quase tudo o que eu ganho no mês!*

O vendedor, experiente e habilidoso, me fez uma pergunta de situação, procurando saber os motivos que estariam me levando à compra:

– *Deixe-me fazer uma pergunta: este traje é para algum momento especial?*

Respondi, prontamente:

– *Sim, tenho a festa de formatura de um amigo e quero estar bem-vestido para fazer sucesso* – entoei com um indisfarçável ar leonino. O vendedor sorriu, sentiu o meu perfil cinestésico mesclado com elevada auto-estima e, observando que aquele realmente havia sido o traje de meu agradado, utilizou-se da técnica da degustação para propor:

– *Beto, eu pude observar que de todos os ternos que você experimentou, este foi o que mais chamou a sua atenção e, particularmente, também penso que caiu como uma luva em você. Notei, no entanto, que não está convencido a pagar o valor por ele estabelecido, certamente por não estar seguro se o preço corresponde ao benefício que ele pode lhe proporcionar. Então, façamos o seguinte: você leva o traje e vai à festa com ele. Se, por acaso, ele não fizer o sucesso que você imagina, sem problema, você vem aqui no dia seguinte, me devolve o terno, e recebe o seu dinheiro de volta.*

Que categoria desse vendedor! Primeiro, percebeu que eu tinha condições de pagar; segundo, sentiu no meu rosto o desejo de usufruir o produto. Porém, teve a sensibilidade de observar que, para mim, dispor de mais da metade do salário para essa compra implicava efetivamente "valer a pena". E, por fim, aproveitando-se do meu indisfarçável ímpeto juvenil e da vontade de querer arrebatar na festa todos os corações femininos possíveis, simplesmente me trucidou com essa proposta inusitada.

Não tive outra saída: levei o traje! O resultado? Melhor, impossível: "fiquei" com três na festa (que eu me lembre!), e nunca mais devolvi o traje *(risos)*. Ao contrário, empolgado, voltei à loja no mês seguinte para comprar outra camisa que pudesse combinar com o mesmo terno.

GERENCIAMENTO DAS ATITUDES DO INTERLOCUTOR

Aceitação
Ceticismo
Indiferença
Objeção

☐●☐☐

Em um processo de negociação, existem quatro tipos de atitudes a permear as relações: (1) *a aceitação*; (2) *o ceticismo*; (3) *a indiferença*; (4) *a objeção*. Saber como administrar cada uma delas é uma parte importante do contexto da negociação.

Aceitação

A *aceitação*, como já abordamos, é observada quando o interlocutor apresenta expressões de concordância aos argumentos e benefícios expostos pela outra parte. O negociador deve procurar, então, partir para o processo de decisão, propondo um acordo que ratifique as aceitações obtidas.

Ceticismo

O *ceticismo* é uma atitude muito comum quando ainda não há confiança mútua entre as partes, pois existe a sensação de que algumas argumentações apresentadas necessitam ser provadas. Nesse caso, é recomendado o seguinte procedimento:

a) Repetir a dúvida do interlocutor acerca da veracidade da argumentação;

b) Argumentar apresentando provas, exemplos bem-sucedidos anteriores, ou mesmo, relacionar testemunhos de terceiros referenciais.

Indiferença

Considerada a pior das atitudes – pois, na realidade, pode estar escondendo todas as outras – a *indiferença* deve ser administrada utilizando-se seqüências de perguntas que possam estimular o cliente a falar. Em geral, recomenda-se "abrir portas" com sondagens fechadas e, a partir de uma resposta, fazer uma sondagem aberta que estimule respostas mais densas e qualificadas.

Objeção

A atitude de *objeção*, em geral, resulta de duas raízes: uma decorrente de "incompreensão do interlocutor" ao que foi exposto na argumentação do negociador; a outra advém do sentimento de percepção de desvantagem, interpretada pelo interlocutor entre os benefícios ou soluções apresentadas e os custos envolvidos nessa aquisição, manutenção ou usufruto.

DEZ PRINCÍPIOS BÁSICOS PARA ADMINISTRAR OBJEÇÕES:

1. Valorize a objeção do interlocutor
2. Nunca dê resposta que fuja à objeção
3. Assuma uma postura positiva
4. Mostre convicção e segurança na resposta
5. Mantenha a calma e o controle na argumentação
6. Minimize a objeção com os benefícios do seu produto ou serviço, construindo valor ao interlocutor
7. Esclareça eventuais dúvidas por incompreensão
8. Se possível, utilize metáforas, histórias ou exemplos para reforçar a construção de valor ao interlocutor
9. Certifique-se de que o interlocutor entendeu e aceitou a sua argumentação
10. Retome a normalidade argumentativa da negociação

A lógica referencial para a administração das objeções do interlocutor pode ser estruturada em dez princípios básicos de procedimentos.

O *princípio 1* a ser adotado em qualquer processo de gerenciamento de objeções *é valorizar a manifestação de objeção externada pelo interlocutor*. Uma da formas mais eficientes de valorizar uma objeção é parafraseá-la ao interlocutor, isto é, procurar repeti-la com outras palavras de igual conteúdo para mostrar interesse à observação por ele evidenciada. Esse procedimento gera um sentimento de valorização no íntimo do interlocutor pela objeção exposta.

O *princípio 2 é nunca fugir da objeção*. Isso pode parecer óbvio e simples, mas essa fuga é a base de um dos principais erros que muitos negociadores praticam em suas exposições: mesmo percebendo uma objeção, não a tratam de maneira adequada ou desviam o foco argumentativo e fogem do enfrentamento direto ao contorno da eventual contraposição do interlocutor. Entendamos o seguinte: a venda começa, efetivamente, quando surge a primeira objeção. Você pode perguntar *"como assim? Para que precisamos passar por uma objeção se é dela que, na maioria das vezes, provêm os maiores entraves para o sucesso de um fechamento?"*

Explico: é muito improvável, diria até impossível, passarmos por todo um processo de negociação sem ocorrer uma objeção, contraponto ou choque de opiniões e sentimentos. Salvo uma única condição, quando o interlocutor mostra-se indiferente ou completamente alheio ao que está sendo exposto. E esse caso é a pior das situações, haja vista, nenhum sentimento ser tão desagradável, humilhante ou detestável como a indiferença e o descaso.

Logo, se olharmos sob outro ponto de vista, o surgimento de objeções – ou mesmo, ceticismos – pode ser um bom sinal de atenção do interlocutor ao que está sendo dito; e mais, quase sempre é um indicativo de envolvimento ao contexto argumentativo. Ao objetar o negociador, o interlocutor dá mostras claras de estar ponderando e valorizando mentalmente a relação de custos e benefícios sempre presente em uma negociação. Portanto, "salve a objeção!" Estou entre aqueles que entendem que a verdadeira negociação somente começa quando surge a primeira objeção. Ela é uma manifestação de interesse muito forte e, se bem avaliada, veremos que quase sempre traz um sinal de compra subliminar escondido em sua aura, pronto para ser despertado, trabalhado e aproveitado pelo negociador.

O princípio 3 destaca a importância de o negociador manter uma atitude, mental e postural, positiva diante da objeção. Isso não significa posição de confronto, intransigência ou beligerância verbal. Atitude positiva deve, sim, refletir naturalidade argumentativa para contornar as contraposições emitidas pelo interlocutor. Atitude positiva permite ao negociador uma linha de conduta afirmativa, pautada por valores, convicções e sentimentos que, harmonicamente direcionados, certamente favorecem o bom enfrentamento, não só das objeções, como também, a administração de situações de ceticismo e indiferença.

Uma decorrência do princípio 3, é o *princípio 4: demonstrar convicção e segurança na resposta.* A partir de uma atitude positiva, fica mais fácil ao negociador dotar-se de maior confiança em abordar o interlocutor. Essa postura é ainda mais importante quando o foco recai sobre o contorno de uma objeção. O uso de linguagens não-verbais ajuda muito a moldar uma embalagem pessoal que reflita a existência desses atributos na exteriorização das palavras expressas.

Igualmente em nível de complementaridade, o *princípio 5 é uma continuidade do princípio 4: manter a calma e o controle na argumentação.* Se temos convicção e segurança, temos o *timing* certo para saber escutar e saber responder. Não tendo pressa em nos livrarmos da objeção, com calma e controle situacional, vamos adornando a argumentação com lógica, bom senso e clareza de conteúdo.

Os princípios 6, 7 e 8 são sinérgicos. Sendo a objeção *por percepção de desvantagem,* aposte em minimizá-la, utilizando uma reafirmação de benefícios percebidos como valor ao interlocutor. Se a objeção, no entanto, for por *incompreensão ao conteúdo exposto,* apresse-se em eliminar as dúvidas ou distorções interpretativas do interlocutor. Em ambos os casos, sempre que possível, *lance mão de histórias, metáforas e exemplos para reforçar a construção de valor,* aumentando o poder de atenção e compreensão do interlocutor à resposta desenvolvida em decorrência da objeção apresentada.

OBJEÇÕES MAIS FREQÜENTES

Quando o interlocutor diz:
"Vou pensar melhor antes de decidir."

Quando o interlocutor diz:
"Acho que agora não vai dar para comprar, pois meu orçamento deste mês estourou..."

Quando o interlocutor diz:
"Quero dar mais uma olhada em outros concorrentes antes de decidir..."

Como princípios finais ao manejo adequado das objeções, recomendo ao negociador *certificar-se* de que o *interlocutor entendeu e, principalmente, aceitou as suas argumen*tações (*princípio 9*) e, assim acontecendo, *retomar a normalidade de argumentação dentro da negociação* (*princípio 10*).

Você já deve ter lido ou ouvido falar da sigla FAQ, uma abreviatura para o inglês *Frequently Asked Questions*, em português, *perguntas freqüentes*. Uma FAQ, quando usada em um contexto pluralista, significa compilação de perguntas freqüentes acerca de determinado tema. Quando usado num contexto singular, uma FAQ será uma dessas perguntas freqüentes. Pois no caso de processos de negociação, também se pode estabelecer uma estruturação similar à utilizada na FAQ, estratificando aquelas objeções mais salientes ao longo das abordagens.

Baseado na experiência pessoal e compilando opiniões de vários especialistas da área de vendas, podemos afirmar que entre as objeções mais utilizadas por interlocutores – especialmente em uma negociação comercial – encontram-se pelo menos três de grande incidência:

1. *Vou pensar melhor antes de decidir...*

2. *Agora não vai dar para comprar, pois meu orçamento estourou...*

3. *Quero dar mais uma pensada, olhar outros concorrentes antes de decidir...*

O processo de administração dessas objeções obedece ao mesmo padrão contido nos "dez princípios". Entretanto, ao longo dos últimos vinte anos vivenciei muitas entrevistas de vendas, observando outros vendedores, cuja grande dificuldade era a falta de melhor contextualização da resposta e, principalmente, a carência informativa sobre as verdadeiras razões geradoras da objeção. Isso significa dizer que a "largada" argumentativa era falha e comprometia em muito a aplicabilidade posterior dos dez princípios da administração das objeções.

Sendo assim, exponho sugestões de como dar uma boa "largada" argumentativa ante essas três objeções mais freqüentes. Por analogia ou similaridade, certamente elas poderão servir de referencial a outras objeções sob diversos contextos.

Vejamos, então, como poderíamos iniciar o contorno dessas objeções, utilizando parcialmente os atributos contidos nos "Dez princípios básicos para administrar objeções" e, a partir do encaminhamento obtido na largada, podermos utilizar todos os fundamentos constantes nos princípios básicos.

Análise da objeção 1:

Interlocutor diz:
– *Vou pensar melhor antes de decidir.*
Argumentação de enfrentamento à objeção:
– *Entendo a sua posição e fico satisfeito com ela. Afinal, se vai pensar, significa que ficou interessado, certo? Se me permitir, gostaria de ajudá-lo a eliminar eventuais dúvidas. O senhor poderia comentar o que ainda não está de acordo com o que necessita?*

Observe que a primeira parte da resposta, expressa ou subliminarmente, contém os cinco primeiros princípios básicos. Em primeiro lugar, ao parafrasear e demonstrar compreensão sobre o porquê da objeção, o negociador transmite a impressão de estar valorizando o argumento exposto pelo cliente. Além da valorização, o fato de encarar a objeção evidencia não estar fugindo da resposta. Ao solicitar, educadamente, permissão para auxiliá-lo a eliminar dúvidas, mostra convicção e segurança. Porém, a objeção, em si, não fornece ao negociador os subsídios necessários para ingressar na fase de exposição de benefícios capazes de minimizar a percepção de desvantagem ou insegurança decisória, quase sempre contidas em objeções dessa natureza. Assim, o negociador utiliza uma pergunta situacional, complementar e específica, com o

Negociação na prática 183

intuito de extrair do interlocutor os fatores inibidores à decisão de compra.

Uma vez descoberta a verdadeira razão do "vou pensar melhor", o negociador poderá partir para a argumentação expositiva de contorno a essa objeção, procurando sempre utilizar os demais princípios de administração de objeções.

Análise da objeção 2:

Interlocutor diz:

– *Agora não vai dar para comprar, pois meu orçamento estourou.*

Argumentação de enfrentamento à objeção:

– *Entendo a sua posição. Porém, deixe-me apresentar as nossas condições de financiamento. Certamente vamos encontrar uma solução que vai se ajustar às suas possibilidades.*

De novo o negociador valoriza a objeção, mostrando entendimento ao que foi interposto. No entanto, assumindo uma postura positiva, assegura poder encontrar uma solução adequada à realidade do interlocutor e, dessa forma, preparar o terreno para a apresentação de benefícios em condições de minimizar a força da objeção.

Análise da objeção 3:

Interlocutor diz:

– *Quero pensar um pouco mais, observar outros concorrentes antes de decidir.*

Argumentação de enfrentamento à objeção:

A OBJEÇÃO MAIS FREQÜENTE:

A objeção ao preço

□●□□

– *Pesquisar é um ato saudável para realizar uma boa escolha, especialmente quando não temos convicção na decisão. Deixe-me auxiliar nesse processo para evitar que o senhor perca tempo desnecessariamente. O senhor poderia me dizer que itens gostaria de comparar? Assim, ajudaria a construir a melhor relação custo-benefício para o senhor.*

Como sempre, a valorização da objeção precede todo o desencadeamento argumentativo. Note, nesse exemplo, o negociador demonstrar concordância com a natureza central da objeção. Não fugindo da resposta, assume uma postura positiva e coloca-se à disposição para auxiliar o interlocutor no processo de decisão. E, ao fazer uma pergunta situacional para descobrir os critérios de avaliação preferenciais do interlocutor, força-o a falar sobre os principais atributos que serão considerados

Negociação na prática □●□□ 185

para a escolha. Uma vez salientados os atributos pelo interlocutor, o negociador poderá trabalhar diretamente sobre eles, utilizando características, vantagens e benefícios resultantes do usufruto do objeto da negociação, comparando-os, eventualmente, com os oferecidos pelos concorrentes.

Bem, mencionei três exemplos típicos de objeções mais freqüentes, especialmente em negociações comerciais. Porém, deixo para tratar em separado aquela que, em um mundo cada vez mais competitivo e imitável, torna-se a objeção mais evidenciada em todos os segmentos de mercado: *a objeção ao preço*.

Em todas as minhas palestras ou seminários, em que o tema "vendas" esteja presente, quando falo em objeção, sem dúvida, aquela relacionada ao preço é a mais citada, comentada e debatida.

Certa vez fui convidado a proferir uma palestra em uma convenção de vendas de uma grande empresa da área de comunicação. O foco dessa palestra era criatividade em marketing, uma exposição na qual relaciono a importância da construção de processos criativos dentro das organizações, com o intuito de surpreender o cliente, gerando percepção de valor agregado superior, encantamento e construção de lealdade relacional.

Uma semana antes da convenção, encontrei o vice-presidente dessa organização em um evento social. Ele, discretamente, me chamou para um canto e disse:

– *Carvalho, eu sei que a palestra que vai apresentar ao nosso grupo na convenção terá um tom motivacional e enfocará o tema da criatividade em marketing e vendas. Ok, acho o assunto ótimo e muito apropriado para o nosso momento. Mas, quero fazer um pedido a você: eu gostaria que abordasse, também, a questão preço. Noto que os níveis de desconto dados pela nossa força de vendas têm crescido nos últimos meses e, sem dúvida, esse é um ponto que precisamos melhorar para reduzi-los.*

Prontamente disse a ele que adaptaria a minha palestra e, dentro dela, incluiria um capítulo especial sobre a administração da famosa *objeção ao preço*, tão temida pelas organizações e pouco enfrentada pelas forças de vendas.

E, assim, procedi. Especificamente para esse fim, montei uma exposição equilibrada entre teoria e prática sobre a questão preço e, em função da alta receptividade que obtive junto ao público assistente, decidi inserir o que chamo de *caminhos para administração do preço* aqui neste livro. Fui buscar subsídios em alguns autores – como Ian Books, no seu imperdível *O seu cliente pode pagar mais*, Jeffrey Gitomer e a sua *bíblia de vendas*, a dupla Donald Moine e Glauber Robson no livro por mim já referido, *Campeões de vendas* – e, permeando com reflexões e experiências pessoais sobre o assunto, estruturei as três vias que levam ao mesmo destino: criar valor ao preço.

A escolha do caminho a ser seguido dependerá da situação a enfrentar. O negociador deve saber entender os verdadeiros motivos que levam o interlocutor a questionar o preço. Em geral, uma objeção ao preço reflete uma falta de percepção de valor adequado entre o que está sendo oferecido e o custo para obtenção do objeto da negociação.

ADMINISTRANDO A OBJEÇÃO AO PREÇO

Os três caminhos para "contornar a objeção ao preço"

- Caminho comparativo
- Caminho qualitativo
- Caminho quantitativo

Caminho comparativo

Recomendo o *caminho comparativo* quando o negociador conseguir relacionar o preço a alguma referência, com o intuito de compará-lo com algo e, dessa forma, começar a materializar a objeção. Veja a seguir um exemplo de administração da objeção pelo *caminho comparativo*. Nele, o negociador argumenta para um interlocutor que manifestou uma contraposição às taxas de juros mais elevadas praticadas em empréstimos pessoais:

– Pelo que pude perceber, o senhor considerou alta a taxa de juros deste crédito pessoal instantâneo. Para que eu possa entender melhor, o senhor a considera alta em relação a quê? Explico: se for comparada com a taxa de juros de financiamento de um automóvel –, em que carro fica alienado como garantia e, em caso de inadimplência, há o risco de perda do

bem – tenho de admitir que a taxa de crédito pessoal está posicionada em um patamar superior. Porém essa taxa – referente ao crédito que você recebe imediatamente, sem deixar quaisquer garantias e pode pagar a primeira prestação daqui a sessenta dias –, se comparada com a de um cheque especial, por exemplo, está situada em níveis bem inferiores. Ou seja, dependendo do ângulo de observação que fizermos, vamos ter vários enfoques e diferentes constatações.

Verifique que o negociador enfrenta a objeção utilizando múltiplas comparações, contextualizando as taxas dentro de cada perfil de mercado, em que aceita existir segmentos de desvantagem, porém apresenta um conjunto de benefícios diferenciais específicos quando comparados a outros produtos do mesmo segmento.

Caminho qualitativo

A utilização do *caminho qualitativo* implica o negociador saber se o enfoque conceitual da objeção ao preço é suscitado por "percepção de desvantagem" ou por "falta de capacidade financeira" por parte do interlocutor.

No caso da evidência de impossibilidade financeira efetiva, temos poucas possibilidades de reversão. Nessa situação, sugiro que seja feita uma reordenação expositiva em busca de uma alternativa que possa se enquadrar às possibilidades financeiras do interlocutor. Por exemplo, *vamos então verificar uma outra possibilidade de serviço, retirando algumas características do serviço inicialmente oferecido*. Mas, atenção: muito cuidado ao tratar uma objeção por "falta de capacidade financeira". O que muitas vezes ocorre é ela estar encobrindo uma real percepção de desvantagem não manifestada pelo interlocutor. Avaliar bem a real situação e o comportamento do interlocutor é fundamental para delinear melhor o perfil da objeção ao preço apresentado.

Nesse contexto, recomendo um questionamento-chave para qualificar a objeção ao preço. Pessoalmente, quando deparo com uma dúvida na hora de qualificar o tipo de objeção, recorro a uma pergunta como forma de "testar entendimento" com o interlocutor. Essa pergunta não foge muito da seguinte estrutura:

– *Deixe-me entender melhor: o senhor se refere a preço alto por considerá-lo acima das suas possibilidades de pagamento ou por entender que está com desvantagem na relação custo-benefício?*

Bem, constatada a objeção como percepção de desvantagem, o negociador deve, então, enveredar pelo *caminho qualitativo*, procurando minimizar essa percepção. Precisa apresentar e enfatizar os benefícios efetivos que a sua proposição poderá oferecer ao interlocutor. Esse é o escopo principal do *caminho qualitativo*: administrar a objeção ao preço contrapondo com uma exposição fundamentada dos benefícios, a fim de maximizar a percepção de valor do interlocutor, reduzindo ou eliminando o sentimento de desvantagem preliminarmente interpretado.

Caminho quantitativo

Ao sentir uma objeção ao preço, o negociador poderá, também, seguir um *caminho quantitativo*, ou seja, uma abordagem na qual possa promover uma divisão em frações comparativas com outras referências, ajudando a minimizar a percepção de desvantagem do interlocutor.

Recordo de uma forma inusitada que utilizei para contornar uma objeção ao preço quando ainda era vendedor de máquinas copiadoras da Xerox. Entrei em um escritório de contabilidade onde o seu proprietário, o contador Almeida, havia solicitado a presença de um vendedor para verificar a possibilidade de aquisição de uma máquina de pequeno porte. Se a memória não me trai, depois de fazer uma exposição dos equipamentos mais adequados à demanda mensal de cópias que ele necessitaria, recomendei o modelo X-5014. Era uma máquina compacta, tinha módulo de redução de cópias e velocidade de 120 impressões por minuto, ideal para a produção média de até 5.000 cópias/mês, perfeitamente ajustada ao volume de reproduções estimado pelo proprietário do escritório.

Tudo acertado, comecei a falar sobre o preço e formas de pagamento. Inicialmente apresentei o preço à vista, sentindo que não foi bem-aceito. Mas isso era normal, até porque, naquela época, mais de 80% das máquinas copiadoras eram comercializadas no plano LTL (*Long Time Leasing*), uma forma de financiamento em até 48 meses que redundava em prestações bem pertinentes ao bolso dos clientes.

Sentindo a resistência costumeira ao preço à vista, apresentei as condições do LTL em 24, 36 e 48 meses. Quando falei em 48 prestações de 120 cruzados novos (não me recordo bem, mas acho que a moeda na época era o Cruzado Novo – NCz$), notei que os olhos do proprietário do escritório de contabilidade brilharam, como que escutando uma voz interior dizer *"acho que cabe no meu bolso"*. Porém, surpreendentemente, o "seu Almeida" resolveu fazer contas e mais contas, talvez querendo contrapor-se à sua voz interior. Enquanto olhava o inquieto contador rabiscar pedaços de papel, com adições e subtrações indecifráveis ao meu olhar, observei, no canto da mesa, três maços de cigarro da marca *Carlton*. Cheguei a me espantar só de imaginar que ele deveria consumir todos aqueles minicilindros de papel e fumo em um mesmo dia.

Bem, voltando os olhos para o contador Almeida, vi-o fechando as suas contas e dizendo-me:

– *Meu jovem, eu gostei da sua máquina, acho que ela seria muito útil no meu escritório mas, fazendo as contas, acho que ainda não há justificativa para eu gastar NCz$ 120,00 por mês para adquiri-la. Sendo assim, vou pensar melhor e na semana que vem eu ligo para você e decido sim ou não.*

Observando o já vetusto contador – ninguém fuma impunemente três maços de cigarros por dia –, senti nele o desejo; faltava-lhe, entretanto, o autoconvencimento de estar fazendo um bom negócio. Então tive a idéia de administrar a objeção com base em um caminho que hoje defino como comparativo. Olhando-o firmemente, perguntei:

– *Seu Almeida, me confirme uma suposição que pude perceber ao olhar a sua mesa. O senhor fuma três maços de cigarro por dia?*

Olhando os maços de esguelha, confirmou:

– *Sim, durante a semana são três. No fim-de-semana eu consigo reduzir um pouco, talvez dois.*

Sentindo aderência à minha linha de indagação, prossegui:

– *Desculpe perguntar, mas qual o valor de cada maço de cigarros Carlton?*

– NCz$ 1,50 – respondeu-me constrangido.

Vendo que ele gostava de cálculos, busquei um *rapport* comportamental e pedi-lhe que me emprestasse um pedaço do seu papel e lápis. Sacando a minha HP 12-C de dentro da pasta – uma herança do meu tempo de engenheiro –, comecei a estruturar a seguinte equação, cujos passos seqüenciais ia falando em voz alta e, paralelamente, obtendo concordâncias parciais de um atento contador.

– *Deixe-me mostrar o raciocínio que estou fazendo, seu Almeida. O senhor me disse que o seu consumo de cigarros, atualmente, anda em uma média de três maços por dia útil, caindo para dois maços diários no final de semana. Estou, certo?*

Obtendo a primeira concordância parcial, continuei:

– *Então, vamos calcular aqui em conjunto: temos três maços por dia durante cinco dias da semana; dois maços por dia em cada dia do fim-de-semana. Logo, fazendo as contas temos, (5 × 3)+(2 × 2) = 19 maços por semana. Considerando o mês com quatro semanas,* teríamos um total mensal de (4 × 19)= 76 maços. Estamos de acordo?

– Sim, é isso mesmo. – respondeu o pensativo interlocutor.

Diante de mais esta concordância parcial, fulminei:

– Seu Almeida, vimos que o senhor fuma, no mínimo, 76 maços de cigarros por mês. O senhor também me informou que o preço de cada maço, hoje, é de NCz$ 1,50. Bem, fazendo as contas (76 × 1,50) veremos que o senhor gasta, em média, NCz$ 114,00 mensais com o pouco saudável hábito de fumar. Sendo assim, faço uma proposição ao senhor: deixe de fumar, preserve a sua saúde e adquira a copiadora que o senhor tanto precisa por apenas NCz$ 6,00 a mais do que o senhor hoje gasta para manter esse vício nocivo ao seu organismo.

Silêncio na sala. O "seu Almeida" me olhou firme, esboçou um tímido sorriso e, constrangido, balbuciou:

– Garoto, você tem razão. Quando você me instala o equipamento?

Negócio fechado. Confesso não saber se o "seu Almeida" largou o vício do cigarro, afinal, todos sabemos que deixar de fumar não é tarefa fácil para qualquer pessoa detentora de fortes vínculos com esse vício. Porém, com certeza, a argumentação comparativa foi o fator decisivo para que ele compreendesse o contexto de valor proposto à negociação e decidisse pela aquisição do equipamento.

PARTE 3

NCANTAMENTO:
A NEGOCIAÇÃO ALÉM DO FECHAMENTO

A FÓRMULA DO ENCANTAMENTO

Recentemente, um amigo empresário do setor de serviços perguntou-me sobre qual a forma mais eficaz para *encantar os seus clientes*, haja vista os inúmeros problemas e insatisfações por ele detectados em uma pesquisa referente à qualidade de seus serviços. Sem deixar tempo sequer para a sonoridade do ponto de interrogação, respondi: *"não existe forma e, sim, fórmula! Na prática, "encantar clientes é uma questão matemática".*

Desnecessário dizer da expressão de certa incredulidade deste amigo. Afinal, ele fazia uma indagação com a expectativa de resposta que incluísse explicações mais profundas e, certamente, com a presença do halo acadêmico que, invariavelmente, norteia os assuntos relacionados ao comportamento do consumidor. Ao contrário, em tom semilacônico e singelamente trivial, eram evocadas regras exatas da matemática para encaminhar a solução do problema, algo aparentemente incompatível e incongruente com o escopo da pergunta.

Em realidade, eu estava querendo salientar, com essa equação, que a arte de encantar clientes, embora parecesse, não era tão complexa assim. Ao contrário do que se imaginava, era possível, inclusive, estabelecer fórmulas de mensuração e quantificação de ações com esse objetivo. Confesso que o amigo referido não entendeu assim, desconversou e, imagino, tenha pensado que o meu passado de engenheiro, estava interferindo no meu presente de "marqueteiro".

Passados alguns dias – esperei pacientemente passar o susto inicial a que ele foi submetido – tomei a liberdade de procurá-lo e, por telefone, busquei retomar a explicação sobre o porquê daquela resposta:

– *Alô, José, tudo bem? Sabe aquela fórmula matemática para encantar clientes que havia comentado contigo? Anote aí, que vou explicar.*

No outro lado da linha, entre um "como?" e um "ah?", percebi José resmungar:

– *Tá bom, pode falar que estou anotando.*

– *Olha, a fórmula é a seguinte: EEC = (P / E) + 1, onde: se o "EEC" for maior do que 1, temos o cliente encantado.*

José, uma pessoa afável, de gestos comedidos e generosos, agradeceu e desligou o telefone, talvez achando que eu, novamente, estava em processo de "curto" entre os meus dois mundos de formação profissional. Agora, ao criar este livro-palestra, eu tenho mais uma oportunidade de explicar a minha intenção com a apresentação da fórmula matemática.

MATRIZ DE SATISFAÇÃO DE CLIENTES

Encantamento
```
+ + + + + + + + + + + + + + + +
+ + + + + + + + + + + + + + + +
+ + + + + + + + + + + + + + + +
```

Satisfação superior
```
+ + + + + + + + + + + + + + + + +
+ + + + + + + + + + + + + + + + +
```

Nível máximo de atendimento esperado

Satisfação

> ZONA DE TOLERÂNCIA
> Atendimento adequado

Nível mínimo de atendimento esperado

Insatisfação

Indignação

□ ● □ □

Primeiro, é importante trazer alguns ensinamentos dos professores Berry e Parasuraman que, no livro *Serviços de marketing*[1], apresentam a chamada *zona de tolerância* em serviços – aquela situada entre o nível de serviço adequado *(nível mínimo esperado)* e o nível de serviço desejado *(nível máximo esperado)*. Nesse universo, salientam, existe uma sensação do cliente em ficar satisfeito com o serviço recebido. Quanto mais próximo do serviço desejado, maior a

---

1. L. Berry.; A. Parasuraman. *Serviços de marketing:* competindo através da qualidade. p. 238.

satisfação do cliente. Em resumo: quanto mais a percepção do cliente pelo serviço fornecido estiver congruente com a expectativa do serviço a ser recebido, mais próximo da satisfação esse cliente estará. Logo, a percepção e a expectativa relativas ao mesmo serviço são inter-relacionadas e, conseqüentemente, influenciam na satisfação do cliente.

Com o intuito de facilitar o entendimento, proponho cinco hipóteses (H) possíveis nessa relação:

- (H1) Cliente percebe um serviço recebido *muito abaixo* do nível mínimo esperado. Logo, cliente *indignado*.
- (H2) Cliente percebe um serviço recebido *abaixo* do nível mínimo esperado. Logo, cliente *insatisfeito*.
- (H3) Cliente percebe um serviço recebido *entre* o nível mínimo e o nível máximo esperado. Logo, cliente *satisfeito*.
- (H4) Cliente percebe um serviço recebido *acima* do nível máximo esperado. Logo, cliente com *satisfação superior*.
- (H5) Cliente percebe um serviço recebido *muito acima* do nível máximo esperado. Logo, cliente mais que satisfeito. Cliente **encantado!**

Se chamarmos *percepção ao serviço* de "P" e *expectativa sobre o serviço desejado* de "E", temos condição de definir que Estágio de Encantamento de Clientes (EEC) é reflexo da sensação do cliente quando "P" é maior do que "E". Quanto maior for o resultado de (P/E), mais acentuado será o nível de satisfação do cliente ao serviço recebido.

Nesse caso, temos EEC = (P/E)+1, como queríamos demonstrar.

Parênteses: *Putz!* Sabe que até me deu saudade, agora, das aulas de Cálculo 4? Especialmente da professora Vera. Ah, grande Vera! Era uma matemática loira, de porte médio e andar ondulado, inteligente e disciplinada, por vezes ranzinza em aula, mas muito charmosa – que nos pedia para demonstrar teoremas, invariavelmente, terminados com o famoso *"c.q.d."*, abreviatura do *"como queríamos demonstrar"*.

FÓRMULA MÁGICA PARA ENCANTAR O CLIENTE:

EEC = (P/E)+1

EEC = Estágio de encantamento do cliente
P = Percepção ao atendimento/serviço percebido
E = Expectativa sobre o atendimento/serviço a receber
(+1) = ?

Você que me lê neste momento deve estar se perguntando: e o (+1), o que significa nessa fórmula? Bem, esta é a parte que poderia chamar de licença poética – se é que figuras de linguagem podem ser aceitas na matemática. Afinal, este é um livro, ou melhor, um livro-palestra, mas nunca um tratado. Ele, o (+1), é uma pontuação extra, que entendi apropriado incluir, que deve ser concedida sempre que, nos casos de percepção inicial do serviço inferior à expectativa – e, portanto, com resultado do EEC inferior a 1 – a empresa, ou você, for rápida para corrigir as insatisfações desse cliente, mostrando-se preocupada em procurar satisfazê-lo, minimizando a dissonância cognitiva e creditando eventuais erros cometidos a fatos episódicos e pontuais. Nesse caso, o cliente saberá entender o esforço empregado para a correção e, apesar da imagem inicial de desvantagem, certamente valorizará o envolvimento na busca de solução corretiva. Provavelmente, dedicará simpatia e agradecimento, uma espécie de "primos-irmãos do encantamento". Em outras palavras, é uma pontuação que deve ser dada para quem, mesmo errando, consegue fazer um eficiente trabalho de recuperação da percepção do serviço recebido.

E agora, José? Será que consegui explicar a minha fórmula? Bem, se ainda assim não for possível, faça o seguinte: *nunca prometa ao seu cliente o que não possa cumprir; e sempre procure fazer mais do que ele espera de você e sua empresa.* Ou ainda, se a analogia com a matemática fica difícil de entender, quem sabe tentemos com uma receita culinária. Anote aí: *adicione 1kg de ações que aumentem a percepção pelo serviço recebido. Reduza os níveis de gordura de promessas que instiguem a expectativas demasiadas acerca do serviço a receber. Misture bem. Bata até encontrar o ponto certo. Cozinhe tudo e, com o auxílio dos colaboradores de sua empresa, sirva ao cliente.* Não tem erro! Fica uma delícia. Além disso, você ainda corre o agradável risco de o cliente pedir bis.

Construí esse diálogo metafórico com o meu amigo para cunhar uma fórmula matemática simples sobre o modo de obtenção do *estágio de encantamento de clientes* em relação ao serviço ou atendimento recebido. Transpondo esses conceitos para o contexto de uma negociação, veremos que os fundamentos se aplicam integralmente. Por exemplo, a excelência em negociação ocorre quando o seu desfecho produz no interlocutor a convicção de ter recebido soluções que excederam as suas expectativas. Sendo assim, mesmo que possa parecer repetitivo, permito-me reforçar: o negociador, ao iniciar uma abordagem ao interlocutor, deve ter a preocupação de "nunca prometer o que ele ou sua empresa não possam cumprir, procurando sempre fazer mais do que o interlocutor espera que possam fazer por ele". Este é o primado básico da conquista do encantamento: "redução das expectativas iniciais do interlocutor e aumento da sua percepção ao atendimento recebido", isto é, independentemente do tipo de negociação que esteja acontecendo, produzir a sensação de encantamento no interlocutor é a segurança de uma negociação bem-sucedida, com objetivos plenamente atendidos e, sobretudo, a base da construção de uma ponte permanente, com livre acesso para o desenvolvimento de novos processos de negociação.

Confiança: a base do encantamento

Se verdade é que o encantamento é produto de uma equação matemática, também não é menos verdade que na base do desenvolvimento dessa álgebra relacional está um atributo que julgo primordial para a conquista desse sentimento. Refiro-me à *confiança* que o negociador passa ao interlocutor durante o processo de negociação.

Quando confiamos em alguém, temos mais facilidade para nos desnudar – no bom sentido, é claro – abrir nosso coração, aceitar opiniões e sugestões, ou mesmo, flexibilizar e repensar uma posição ou decisão já tomada. Confiança funciona como uma plenitude de *rapport;* transpira harmonia, exala compreensão, impregnando a relação com solicitudes, reciprocidades e mútuo tratamento de familiaridade.

Reconhecendo que o atributo *confiança* pode ser analisado sob ângulos interpretativos de inúmeras ciências (filosofia, antropologia, psicologia etc.), vou me ater a dissecá-lo na ambiência mercadológica, mais precisamente, no contexto da negociação.

CONSTRUINDO CONFIANÇA EM NEGOCIAÇÃO

Franqueza
Sinceridade, honestidade para admitir o que não sabe, convicção e firmeza

Competência
Habilidade para o exercício da função, conhecimento, talento e qualidade de execução

Solicitude
Disponibilidade, amabilidade, disposição, importar-se com o cliente, saber ouvir ativamente, perguntar

Capacidade de resolver problemas
Solucionar situações prejudiciais à satisfação do cliente

Identifico quatro fatores fundamentais para a construção de *confiança* dentro do ambiente de negociação.

O primeiro, base de tudo, é a presença de *franqueza* no comportamento e atitudes do negociador. Ela é reveladora de caráter e de transparência pessoal. Ser franco, porém, não significa ser o que, popularmente, é definido como "curto e grosso". Conheço muitas pessoas que, sob a bandeira do "ser direto e objetivo", confundem franqueza com rudeza verbal. Ser franco em nada pressupõe ser direto; ser objetivo não exige ser conciso e, muito menos, ser seco ou deselegante em manifestações verbais. Gosto sempre de lembrar uma célebre máxima muito repetida no meu tempo de estudante de engenharia: "em geometria, a distância mais curta entre dois pontos sempre será uma reta". Pois, como na vida quase sempre interpretação é uma questão de enfoque, fui descobrir, quando enveredei para a área comercial, que, "em vendas, a distância mais curta entre dois pontos quase sempre passa por uma curva". Portanto, podemos ser diretos, utilizando encorpadas figuras de linguagem; podemos ser objetivos, mesmo sob esgrima verbal; podemos ser francos sem sermos deselegantes, agressivos ou mal-educados com o interlocutor. Franqueza é fruto da sinceridade. É reconhecer e enfrentar limitações. É demonstrar convicção e firmeza, sem que para isso tenha de ser adotada uma postura rígida, insensível e pouco adaptável ao perfil de cada interlocutor.

O segundo elemento gerador de confiança é a *competência pessoal* do negociador. Significa que este deva ter habilidades, conhecimento e talento pertinentes ao exercício da negociação e assim ser percebido pelo interlocutor. Em linguagem popular, ele tem de ser "o cara" sob a ótica do interlocutor, alguém com autoridade moral e profissional para se expressar sobre o assunto objeto da negociação.

O terceiro fator é a *solicitude* do negociador no atendimento ao requerido do interlocutor. Essa disponibilidade engloba o "saber ouvir ativamente" – já comentado no tópico referente à diferenciação pessoal – bem como, a demonstração de amabilidade e a condição de, permanentemente, estar disponível.

A *capacidade do negociador em resolver problemas* é o quarto fator. Considero-o atributo definitivo para a conquista da confiança do interlocutor. É muito comum o vendedor considerar os problemas ou insatisfações manifestadas pelos clientes como um obstáculo que compromete a fluência de uma negociação. Se fizermos uma enquete com integrantes de equipes de vendas, veremos que a maioria daria o mundo para não enfrentar problemas com seus clientes. É impressionante como vendedores experientes se fragilizam ante o surgimento de dificuldades.

Vou lhe dizer uma coisa: os melhores clientes que tive sempre foram conquistados a partir da solução de algum problema durante a nossa relação. Isso tem explicação na conquista da confiança, um processo em que o elemento *segurança* permeia todas as ações. Nós somente confiamos em alguém que nos transmite segurança naquilo que diz ser capaz de realizar. Então pergunto: "qual a melhor oportunidade de mostrar ao outro o que temos condições de fazer, se não resolvendo um problema, utilizando um atributo específico da solução que estamos negociando?" Desconheço outra tão eficaz. Solucionar problemas, até hoje, ainda é a melhor opção para provar, na prática, o que na argumentação foi assegurado. Portanto, "salve a existência de problemas!" Eles são uma ótima oportunidade para o negociador demonstrar o seu valor e conquistar definitivamente a confiança do interlocutor.

Deixe-me dar um exemplo que vivenciei recentemente e que ilustra como os quatro fatores mencionados fazem a diferença para a *construção da confiança* – a chave da porta de entrada do sentimento de encantamento de um cliente ou interlocutor.

Vamos lá: eu estava em São Paulo para uma reunião profissional que, imaginei, entraria algumas horas noite adentro. Assim, previamente, programei meu retorno a Porto Alegre, cidade onde resido, para a manhã do dia seguinte. Terminado o encontro, antes de me dirigir ao hotel, dei uma passada em um *shopping center* próximo para, além de fazer um rápido lanche, dar uma espairecida após longas cinco horas de ininterrupta reunião.

Chegando ao *shopping*, resolvi fazer aquela caminhada espiral básica, observando lojas que, uma a uma, mostravam vitrines cuidadosamente decoradas e temáticas com motivos futebolísticos. Afinal, estávamos em época de Copa do Mundo. As lojas se sucediam quando deparei com uma ótica muito bem ambientada e, principalmente, com variada gama de produtos à disposição de compra. Em tempo: preciso admitir que sou fascinado por óculos. Pessoalmente, embora os necessite para corrigir uma hipermetropia associada a um astigmatismo permanente desde a infância, compro-os em quantidade muito acima do normal, tamanha a atração que tenho pela diversidade de formatos, cores ou outras composições estéticas.

Bem, voltando ao universo da ótica referida, ao olhar um modelo muito interessante, exposto em prateleira de vidro suspensa, estrategicamente iluminada com lâmpadas dicróicas, produzindo suaves fachos incidentais, fiquei vivamente interessado nele. Rapidamente, dirigi-me a uma vendedora, jovem e sorridente, que, com o olhar esperto e sinuoso, constatava a fixação que tenho por esse tipo de produto.

– *Boa noite, percebo que ficou interessado neste modelo.* – disse-me a jovem, apontando o indicador, com unha bem-pintada, aquele que realmente havia me interessado.

– *É verdade. Gosto muito de óculos e este é um modelo bem diferente dos outros que possuo. Poderia experimentá-lo?*

Preço negociado, condição de pagamento definida, faço uma última exigência, antes de confirmar a compra:

– Por favor, utilize o grau destes óculos que estou usando para fazer as novas lentes. Enquanto eu vou jantar ali na praça de alimentação, você manda confeccionar e, dentro de uma hora, eu retorno para pegá-lo.

Comprador contumaz de óculos, sei que muitas lojas já contam com recursos técnicos para copiar, instantaneamente, o grau de um par de óculos para outro bem como produzi-lo em minutos para entregá-lo ao cliente.

– *Desculpe, mas infelizmente o equipamento que produz as lentes está com defeito e não tenho como fazê-las agora. Assim, por favor, diga-me o seu endereço que providencio a entrega amanhã até o final da tarde.*

Gostei da sinceridade da jovem vendedora ao admitir o defeito do equipamento. Também apreciei a sua solicitude em querer saber o meu endereço para promover a entrega domiciliar. Igualmente, desde o início da minha conversa, percebi nela bons conhecimentos sobre óculos, estilos e tendências mundiais no segmento. Mas, havia um problema a ser solucionado: eu estava com embarque agendado para as 10h30 da manhã do dia seguinte e, dessa forma, não poderia esperar até a tarde para receber o produto. Talvez, pudesse levar os óculos sem as lentes e providenciá-las, posteriormente, em Porto Alegre. Porém, frustrado por não conseguir tê-los prontos naquele momento, disse-lhe que não iria comprá-los, deixando a aquisição para uma outra oportunidade.

– *Por favor, deixe-me fazer uma proposta* – disse ela com firmeza, convicção e segurança. E continuou: – *notei que você gostou dos óculos e, para mim, isso é o que mais importa neste momento. Percebi, também, que você é daquelas pessoas que ao comprar um produto gosta de tê-lo disponível para uso imediato. Sendo assim, gostaria de fazer um esforço pessoal para tentar atendê-lo e entregar o produto até amanhã antes do seu embarque. Dê-me um voto de confiança. Prometo fazer de tudo para, até às 10h30, entregar-lhe os óculos na sala de embarque do aeroporto.*

Pensei comigo: "*Positiva esta menina! Além de competente, solícita e franca, passa uma segurança propositiva rara em profissionais com a sua idade. Gostei, vou dar uma chance para ela comprovar que pode resolver este problema*".

– *Ok, gostei do seu posicionamento. Espero a entrega no aeroporto de Congonhas até às 10h30 de amanhã. Como faço para pagar, pois quero fazê-lo no cartão?*

Ela voltou a responder com convicção:

– *Sem problemas. Não precisa pagar nada agora. Amanhã, no horário combinado eu levo o produto e acertamos tudo no local. Caso eu não esteja lá, a venda fica desfeita. Quero apenas os seus dados para que possa preencher a nota fiscal e entregá-la junto, amanhã pela manhã.*

No outro dia, 10h30, estava me dirigindo ao salão de embarque quando, ao me aproximar da porta, vislumbrei aquela menina sorridente. Ao me avistar, fez um leve aceno de mão e, suavemente, ergueu o pacote onde, interpretei, estavam os meus óculos com as lentes colocadas.

Indo ao seu encontro, fui direto perguntando:

– *E então, tudo certo?*

– *Exatamente como havia me comprometido* – respondeu-me ela, enquanto, com uma das mãos, me entregava a caixa com os óculos e, com a outra, tirava de dentro da bolsa a máquina manual de registro de cartão de crédito.

– Aqui estão os óculos e, agora, por favor, permita-me dispor do seu cartão de crédito para que possa passá-lo aqui na máquina?

Uma negociação completa e, acima de tudo, o estabelecimento do clima de total confiança. Quer saber mais? Passado menos de um mês dessa compra, o pagamento do cartão ainda nem havia vencido e, novamente, sobrou-me um tempo em São Paulo para visitar o *shopping*. Adivinha qual a primeira loja a que me dirigi ao chegar ao local? Desnecessário dizer, não é?

Isso é confiança, isso é encantamento, isso é fazer a diferença.

PARTE 4

MENSAGEM FINAL

A DIFERENÇA QUE FAZ A DIFERENÇA

A idéia básica deste livro foi fazer uma análise de conteúdos de diversos autores e, integrando-os a reflexões e experiências pessoais decorrentes de duas décadas de prática em atividades de vendas, fornecer a você subsídios que considero basilares à construção de conhecimento estrutural e prático sobre modernas técnicas de negociação. Mas, nesse contexto cognitivo, ainda ficou faltando, no meu entender, o elemento vital à construção de diferenças: a *capacidade de autoconhecimento*.

O saudoso e legendário Peter Drucker, em seu livro *Management challenges for the 21st Century (1999)*, expressou que "na economia do conhecimento, o sucesso vem àqueles que conhecem a si mesmos – seus valores, seus pontos fortes e como funcionam melhor"[1]. A

---

1. P. Drucker. *Management challenges for 21st Century*.

citação do mestre Drucker traz, também, de forma subliminar, a necessidade dos profissionais de sucesso, além de reconhecerem seus pontos fortes, saberem detectar – e admitir – os seus pontos fracos, ou seja, aquelas características carentes de aptidão para integrar o *portfólio* dos atributos pessoais.

E, "cá entre nós", como é difícil admitirmos fraquezas, debilidades e incompetências pessoais e profissionais. O receio de não ser valorizado, por vezes desdenhado, faz com que queiramos ser "super-homens" – ou "mulheres-maravilha" – em nossas atividades. Assim, estamos sempre aptos a tudo – basta um treinamento básico e já nos consideramos prontos ao desafio. Somos totalmente virtude, zero defeito! Utilizo uma hipérbole argumentativa, mas, na essência, temos muita dificuldade para a auto-avaliação e para diferenciar os nossos pontos fortes e pontos fracos.

Conhecer a nós mesmos é ter consciência do que somos para poder saber aonde queremos ir. Exige desprendimento e humildade para reconhecer o que não sabemos fazer. Mas, também, requer imodéstia para destacar pontos fortes e descobrir em que podemos ser diferenciados em relação aos outros. O autoconhecimento ajuda a evidenciar nossos reais valores, tornando mais fácil a compreensão de como funcionamos, como melhor aprendemos, como melhor nos desenvolvemos e, sobretudo, como fazemos melhor.

Como profissional de vendas, sempre exercitei a minha gestão pessoal com base no autoconhecimento. Invariavelmente, sempre procurei focar o meu desempenho em uma negociação alicerçando-o em meus pontos fortes. Esse, a propósito, é um dos preceitos fundamentais de desenvolvimento pessoal que carrego por toda a minha vida: *concentro-me em sempre aperfeiçoar o que faço bem e, não, em tentar melhorar o que faço mal.* É lógico, como já mencionei na abertura do livro, cuido para que os pontos fracos, especialmente os maus hábitos, não comprometam ou inibam a minha eficiência. Porém, são nos atributos positivos da minha personalidade que jogo toda a energia ao aprimoramento permanente. Investindo neles, sei que posso, a cada dia, me tornar um pouco melhor. E somente por meio deles sei que posso construir a minha diferença.

Quando decidi deixar a engenharia e adotar as vendas como minha profissão, fiz uma escolha com base no autoconhecimento. Não foi fácil entrar pela primeira vez em uma obra depois de formado, olhar aquele amontoado de ferro e concreto e decidir que, apesar dos cinco anos de convívio diário com aquela realidade, o meu mundo era outro. Ao desistir de seguir uma carreira de engenheiro, admiti humildemente não ter vocação para o exercício da atividade. Ao procurar ingressar no mundo comercial, porém, o fiz baseado na convicção de possuir atributos positivos que, se bem lapidados no tempo, me conduziriam a desempenhos superiores. E não deu outra.

Se exercesse a engenharia na prática, seria um profissional mediano, nada mais do que isso. E o que é pior: alcançaria o troféu de engenheiro medíocre por meio de um grande esforço pessoal, por estar violentando a minha vocação. Do contrário, ao apostar nos meus pontos fortes, mesmo tendo de superar as dificuldades da gagueira, fiz-me vendedor de sucesso, um executivo respeitado, um palestrante requisitado e, acima de tudo, uma pessoa feliz.

Ser feliz é o resumo de tudo o que devemos buscar. Essa felicidade está em nos desenvolver naquilo de que gostamos, em que sentimos prazer e, especialmente, fazer aquilo que sabemos fazer. Não interessa a atividade, a profissão ou o campo de trabalho em que você esteja inserido. Siga somente o caminho da sua vocação. "Aposte todas as suas fichas nela". Não esmoreça, jamais! Mesmo que a estrada da sua realização seja repleta de pedras e obstáculos, por vezes considerados intransponíveis, não desanime, acredite! Faça dos limões da vida a sua limonada. Descubra o seu "Eu verdadeiro", valorize os seus pontos fortes, minimize os seus pontos fracos, crie o seu próprio "açougue" e treine, treine, treine muito.

Ao finalizar, quero relembrar o que escrevi lá nas páginas iniciais: em um mundo a cada dia mais integrado, imitável e competitivo, não tenho dúvidas em afirmar que a diferença está no aproveitamento dos detalhes. Alguns mais perto; outros mais longe. Mas, certamente, muitos ao nosso alcance. Estar apto a enxergá-los e disposto a utilizá-los, pode fazer a grande diferença.

Não perca tempo! Conheça-se, descubra-se, ame-se e, acima de tudo, seja feliz. Pois *a sua felicidade pode ser a diferença que faz a diferença.*

> "Gasta-se muito mais energia para avançar da incompetência à mediocridade do que ir do bom desempenho à excelência."
>
> *Peter Drucker*

REFERÊNCIAS BIBLIOGRÁFICAS

ADLER, Ronald B.; TOWNE, Neil. *Comunicação interpessoal.* Rio de Janeiro: LTC, 2002.

ASSAEL, Henry. *Consumer behavior and marketing action.* Cincinati: South-Western College Publishing, 1998.

BATESON, John E.G.; HOFFMAN, K. Douglas. *Marketing de serviços.* Porto Alegre: Bookman, 2001.

BAYTON, J. A. "Motivation, cognition, learning: basic factors in costumer behavior". *Journal of Marketing.* Chicago: 1958.

BEARDEN, William; ETZEL, Michael. "Reference group influence on product and brand purchase decision". *Journal of Consumer Research.* Chicago. p.184, 1982.

BERKMAN, H. W.; LINQUIST, J. D.; SIRGY, M. J. *Consumer behavior.* Chicago: NTC Publishing Group, 1997.

BERRY, L.; PARASURAMAN, A. *Serviços de marketing: competindo através da qualidade.* São Paulo: Editora Maltese. p. 238, 1995.

BLOCH, Peter H. "An exploration into the scaling of consumer's involvement with a product class". *Advanced in consumer research*. Provo, UT. Association for Consumer Research, v. 8, p. 61-65, 1981.

BOOKS, Ian. *O seu cliente pode pagar mais*. São Paulo: Fundamento, 2004.

CARVALHO FILHO, C. A. *Influência de estímulos indutores à comunicação boca a boca em consumidores de crédito pessoal*. Dissertação de Mestrado. MAN-PUCRS. Porto Alegre – RS, 2005.

CELSI, Richard L.; OLSON, Jerry C. "The role of involvement in attention and comprehension processes". *Journal of Consumer Research*. Chicago: v. 15. p. 210-224, 1988.

CHURCHILL, G.; PETER, J. *Marketing: criando valor para os clientes*. São Paulo: Saraiva, 2000.

CIALDINI, R. *O poder da persuasão*. Rio de Janeiro: Campus, 2006.

CLARKE, K.; BELK, R. "The effects of product involvement and task definition on anteciped consumer effort". *Advanced in Consumer Research*. Provo, UT. Association for Consumer Research, v. 6, p. 313-318. 1979.

DAMÁSIO, A. *O desafio de Descartes: emoção, razão e o cérebro humano*. São Paulo: Cia. das Letras, 1994.

DRUCKER, P. *Management challenges for 21st Century*. New York: HarperCollins, 1999.

ENGEL, James F.; BLACKWELL, Roger D.; MINIARD, Paul W. *Comportamento do consumidor*. Rio de Janeiro: LTC, 2000.

FONSECA, Marcelo J. *Avaliação da aplicabilidade da escala New Involvement Profile para a mensuração do envolvi-*

mento do consumidor na cidade de Porto Alegre. Dissertação de Mestrado em Administração. PPGA-UFRGS. Porto Alegre – RS, 1999.

GITOMER, J. *A bíblia de vendas*. São Paulo: M. Books. 2005.

GROONROS, C. *Marketing: gerenciamento e serviços: a competição por serviços na hora da verdade*. Rio de Janeiro: Campus, p. 377, 1993.

HOWARD, John A.; SHETH, Jagdish N. *The theory of buyer behavior*. New York: John Wiley, 1969.

HUNT, J. *O monge e o executivo*. Rio de Janeiro: Sextante, 2006.

KOTLER, Philip. *Administração de marketing*. São Paulo: Atlas. 1993.

JAIN, K.; SRINIVASAN, N. "An empirical assessment of multiple operationalizations of involvement". *Advanced in Consumer Research*, Provo, UT. Association for Consumer Research. v. 17, p. 594-602, 1990.

JOAR, Gita V. "Consumer involvement and deception from implied advertising claim". *Journal of Marketing Research*. Chicago. v. 32, p. 267-279, 1995.

JÚLIO, C.A. *A magia dos grandes negociadores*. São Paulo: Negócio, 2005.

LASTOVICKA, John L. "Questioning the concept of involvement defined product classes". *Advanced in Consumer Research*. Provo, UT. Association for Consumer Research. v. 6, p. 174-179, 1979

LAURENT, G.; KAPFERER, J. "Measuring consumer involvement profiles". *Journal of Marketing Research*. Chicago v. 22, p. 41-53, 1985.

McQUARRIE, Edward F.; MUNSON, Michael J. "The Zaichkowsky personal involvement inventory: modification and extension". *Advanced in Consumer Research*. Provo, UT. Association for Consumer Research, 1986.

MITTAL, Banwari. "Measuring purchase-decision involvement". *Psychology and marketing*. New York. v. 6, p. 147-162, 1989.

MOINE, D.; HERD, J. *Modernas técnicas de persuasão*. São Paulo: Summus, 1984.

MOINE, D.; ROBSON, G. *Campeões de vendas*. São Paulo: Person-Hall. 2006.

MOORMAN, C.; DESHPANDÉ, R.; ZALTMAN, G. "Factors affecting trust in market research relationships". *Journal of Marketing*. Chicago. v. 57, p. 81-101, 1993.

MÜCKENBERGER, E. "O papel da satisfação, confiança e comprometimento na formação de intenções futuras de compras entre clientes com níveis de experiências diferenciados". *Anais do 25º Encontro Nacional dos Programas de Pós-graduação em Administração, 2001*. Campinas: ANPAD, 2001.

OLIVER, R. "Whence Consumer Loyalty?" *Journal of Marketing*. Chicago. v. 63, Special Issue, p. 33-34, 1999.

PENNEBAKER, J.W.; RIME, B.; BLANKENSHIP, V. F. "Stereotypes of emotional expressiveness of Northerners and Southerness". *Journal of Personality and Social Psychology*. London. p. 372-380, 1996.

PRAS, Bernard; SUMMERS, John O. "Perceived risk and composition models for multiattribute decisions". *Journal of Marketing Research*. Chicago. v. 15, p. 429-437, 1978.

RACKHAM, N. *SPIN Selling*. New York: McGraw-Hill, 1988.

RACKHAM, N.; VINCENTIS, J. *Rethinking the sales force*. New York: McGraw-Hill, 1999.

REICHHELD, Frederick F. "O único indicador a melhorar". *Harvard Business Review (Brasil)*. São Paulo (dezembro), p. 32-40, 2003.

RIES, A.; TROUT, J. *Marketing de guerra I*. São Paulo: M. Books. 1989.

_____. *Posicionamento*. São Paulo: Thomson Learning. 2003.

ROLLOF, M.E. *Interpersonal communication*. Beverly Hills: Sage, 1981.

ROTHSCHILD, Michael L. "Advertising strategies for high and low involvement situations". *Attitude research plays for high Stakes*. Chicago: American Marketing Association, 1979.

SIRDESHMUKH, D.; SINGH, J.; SABOL, B. "Consumer trust, value and loyalty in relational exchanges". *Journal of Marketing*. Chicago. v. 66, p. 15-37, 2002.

SLAMA, Mark; TASCHIAN, Armem. "Select socioeconomic and demographic caracteristcs associated with purchasing involvement". *Journal of Marketing*. Chicago. v. 49, p. 72-82, 1985.

SOLOMON, Michael R. *O comportamento do consumidor*. São Paulo: Bookman, 2002.

STONE, D.; PATTON, B.; HEEN, S. *Conversas difíceis*. São Paulo: Alegro, 2004.

SULLINS, E. S. "Emotional rontagion reviseted: effects of

social comparison and expressive style on mood convergence". *Personality and Social Psychology Bulletin*. London. p. 166-174, 1991.

TAX, S.; BROWN, S.; CHANDRASHEKARAN, M. "Customer evaluation and trust on the effectiveness of selling partner relationships". *Journal of Marketing*. Chicago. v. 62, p. 60-67, 1998.

TROUT, J. *Diferenciar ou morrer*. São Paulo: Futura, 2000.

URY, William; FISCHER, Roger. *Getting to yes*. New York: Penguin Books,1983.

WELLS, William D.; PRENSKY, David. *Consumer behavior*. New York: John Wiley & Sons, 1996.

WILKIE, William L. *Consumer behavior*. New York: John Wiley & Sons, 1994.

ZAICHKOWSKY, Judith Lynne. "Measuring the involvement construct". *Journal of Consumer Research*. Chicago. v. 12, p. 341-352, 1985.

ZALTMAN, G. *Contemporary marketing and consumer behavior*. Thousand Oaks: Sage, 1995.

ZEITHAML, Valerie A.; BITNER, Mary J. *Marketing de serviços*. São Paulo: Bookman, 2003.

ZINS, A. "Relative attitudes and commitment in customer loyalty models". *International of Service Industry Management*. Bradford. v. 12, p. 269-294, 2001.